SECRETÁRIO ÍNTIMO

PREBOSTE E JUIZ OU MESTRE IRLANDÊS

INTENDENTE DOS EDIFÍCIOS OU MESTRE EM ISRAEL

6º Grau — 7º Grau — 8º Grau

Jorge Adoum
(Mago Jefa)

SECRETÁRIO ÍNTIMO

PREBOSTE E JUIZ OU MESTRE IRLANDÊS

INTENDENTE DOS EDIFÍCIOS OU MESTRE EM ISRAEL

6º Grau — 7º Grau — 8º Grau

BIBLIOTECA MAÇÔNICA PENSAMENTO

Editora Pensamento
SÃO PAULO

Capa: Rosana Martinelli

Projeto gráfico e diagramação: Verba Editorial

Revisão de texto: Adriana Moretto de Oliveira e Gabriela Morandini

Dados Internacionais de Catalogação na Publicação (CIP)
(Câmara Brasileira do Livro, SP, Brasil)

Adoum, Jorge, 1897-1958.
Secretário íntimo: preboste e juiz ou Mestre Irlandês, intendente dos edifícios ou Mestre em Israel: 6º grau, 7º grau, 8º grau / Jorge Adoum (Mago Jefa). — 9º ed. — São Paulo : Pensamento, 2011. — (Coleção Biblioteca Maçônica Pensamento)

Bibliografia.
ISBN 978-85-315-0608-6

1. Maçonaria 2. Maçonaria — História 3. Maçonaria — Rituais 4. Maçons I. Título. II. Série.

11-02007 CDD - 366.1

Índice para catálogo sistemático:
1. Maçonaria : Sociedades secretas 366.1

O primeiro número à esquerda indica a edição, ou reedição, desta obra. A primeira dezena à direita indica o ano em que esta edição ou reedição foi publicada.

Edição	Ano
9-10-11-12-13-14-15	11-12-13-14-15-16-17

Direitos de tradução para a língua portuguesa
adquiridos com exclusividade pela
EDITORA PENSAMENTO-CULTRIX LTDA.
Rua Dr. Mário Vicente, 368 - 04270-000 - São Paulo, SP
Fone: 2066-9000 - Fax: 2066-9008
E-mail: pensamento@cultrix.com.br
http://www.pensamento-cultrix.com.br
que se reserva a propriedade literária da tradução.
Foi feito o depósito legal.

Sumário

6º GRAU

1. Sexto grau. Secretário íntimo. Mestre por curiosidade. Mestre inglês e seus mistérios 9
2. Lendas, verdades e mistérios 17
3. A pré-história e as tradições 24
4. Dogma do cérebro e doutrina do coração 36
5. O que deve saber o secretário íntimo 43
6. O corpo astral da alma e a medicina universal 49
7. A mente e a medicina universal 55
8. A religião dos sábios. Progresso e conservação 61

7º GRAU

1. Sétimo grau. Preboste e juiz ou mestre irlandês 73
2. O grau de preboste e juiz ou mestre irlandês e a sua história profana 79
3. O plano dos elementais do G.·. A.·. D.·. U.·. 87
4. Conhece-te a ti mesmo e aos demais pela caracterologia 95
5. Constituição do homem 113

6. O que deve saber o preboste e juiz 121
7. A medicina universal 127
8. O corpo mental e a medicina universal 133
9. Religião dos sábios. Cosmogonia 139

8º GRAU

1. Oitavo grau. Intendente dos edifícios ou mestre em Israel 151
2. O porquê das religiões 158
3. A religião fálica 162
4. A religião mitráica 166
5. Como conhecer o homem à simples vista 173
6. O que deve saber o intendente dos edifícios. O corpo físico e a medicina universal 181
7. O corpo da alma e a medicina universal 190
8. A mente e a medicina universal 200
9. A religião dos sábios 208

Bibliografia 216

6º Grau

SECRETÁRIO ÍNTIMO

1. Sexto grau — Secretário íntimo — Mestre por curiosidade — Mestre inglês e seus mistérios

1. A história deste grau é absurda sob o ponto de vista real, porém, é muito interessante quanto ao seu conceito moral.

Vamos examinar o que diz a história do grau que, como todos os graus anteriores, atribui todos os ensinamentos maçônicos a Salomão, o bíblico, o qual em nada se relacionou com a Maçonaria.

Recordemos que, tratando-se da construção do Templo de Jerusalém, Hiram II, rei de Tiro, envia a Salomão um embaixador para fazer um tratado de aliança, contendo estipulações secretas que sejam somente conhecidas dos monarcas. Em virtude desse tratado, Hiram enviou a Salomão os melhores arquitetos de seu país, grande número de obreiros e vários superintendentes inspetores para zelarem pelos trabalhos da construção, assim como alguns materiais necessários, tais como madeiras de cedro e abeto do Líbano, ouro das minas de suas possessões e pedras de Tiro. Em recompensa destes serviços, Salomão prometeu entregar-lhe, enquanto durasse a construção do Templo, vinte mil medidas de trigo, vinte de vinho, azeite puro, cevada e mel, e ceder-lhe, após a conclusão da obra, várias cidades do território da Galileia! Salomão cumpria o pacto e a construção do Templo avançava prodigiosamente; tendo, porém, ocorrido a morte de Hiram Abif, as obras foram suspensas pelo tempo necessário, destinado à busca de seu cadáver, e, depois, à celebração de seus funerais.

A esses compareceu o rei de Tiro, mas em vez de retirar-se imediatamente com sua corte, visitou, excitado pela curiosidade, várias cidades da Galileia, encontrando muitas arruinadas, os terrenos estéreis para o cultivo, e seus habitantes grosseiros e ignorantes.

Em virtude do que viu, voltou a Jerusalém para exigir de seu aliado contas detalhadas daquilo que ele considerava um logro.

Dirigiu-se ao palácio de Salomão e, passando precipitadamente entre os guardas que o custodiavam, penetrou irado na sala de audiências. Salomão recebeu seu aliado com carinho, e os guardas se retiraram, deixando os dois soberanos a sós.

Um fiel servidor de Salomão de nome Johaben (filho de Deus), ao notar a cólera no semblante do rei de Tiro, seguiu-o até a porta da câmara régia, e deteve-se para escutar.

Hiram notou a presença do indiscreto, e crendo estar sendo espreitado, tirou a espada para matar Johaben, mas Salomão interviu e declarou a Hiram que este servidor era seu confidente, seu maior favorito e depositário de todos os negócios do reino, bem como de seus próprios pensamentos.

Então, Johaben obteve o perdão, e ambos os soberanos concordaram que fosse reconhecido como secretário íntimo e que presenciasse o pacto de aliança que de novo iam celebrar.

Esta é a origem do grau de mestre por curiosidade introduzido na série iniciática do rito escocês.

2. Voltamos a insistir que *Salomão* da Maçonaria é o *Sol-Amon-Ra*, ou melhor: *Amen-Ra*, o que significa a *trindade na divindade*, como foi explicado no *A magia do verbo*, mas não é o Salomão da Bíblia.

O primeiro Salomão é o homem solar, o iniciado, o super-homem ou verdadeiro maçom, a quem Deus apareceu em seu mundo interior e lhe deu sabedoria e riquezas incalculáveis. É a este Salomão que a Maçonaria iniciática se refere em todos os seus graus.

Em todas as escolas iniciáticas e religiões antigas vemos sempre o símbolo espiritual materializado com uma figura pessoal: Osíris que significa *luz infalível* foi materializado com uma figura humana. Assim, também, vemos Mitra, Krishna, Moisés e até o Cristo que é o segundo atributo da divindade representado por Jesus, o nazareno. Igualmente, *Sol-Amen-Ra* foi feito *Salomão* da Bíblia, e ao seu redor foram tecidas muitas lendas espirituais e foi considerado o pai da Maçonaria.

O Salomão bíblico ou Salomão da Bíblia *nunca* foi iniciado, nem sábio. Os anais dos judeus e as fábulas dos árabes identificaram ou materializaram o Salomão espiritual em Salomão filho de David.

Salomão nunca foi iniciado porque o verdadeiro iniciado não pode ser tirano e conspirador. Ele roubou o trono a seu irmão primogênito Adonias pela conspiração de sua mãe Betsabé, que foi cúmplice da morte de seu marido; até o suposto profeta Natan que reprovou a David o adultério, o assassinato de Urias e o casamento que seguiu ao assassinato, foi o mesmo que, depois, ajudou a Betsabé a colocar Salomão no trono roubado a Adonias.

O iniciado não assassina; Salomão começou seu reinado à maneira turca, isto é, degolando seu irmão Adonias porque este lhe pediu a graça de casar-se com Abisag, aquela jovem que foi entregue a David para rejuvenescer sua velhice.

O iniciado não se entrega a mil mulheres, setecentas esposas e trezentas concubinas, nem tampouco oferece incenso e adoração aos ídolos de todas elas.

O iniciado não ordena que: "mate a Joab" (embora estivesse refugiado num cornijal do altar), para depois dizer: "e assim não seremos responsáveis nem eu e nem minha casa pelo sangue de Joab". Creio que estas citações da Bíblia são suficientes para demonstrar a crueldade, a tirania e a libertinagem de Salomão, o bíblico. Nem Calígula, nem Nero inauguraram seus reinados com crimes tão atrozes.

3. Salomão, da Bíblia, não foi sábio; seus provérbios são, em vários pontos, triviais, incoerentes, de mau gosto e sem objetivo. Capítulos inteiros estão dedicados a mulheres perdidas que convidam aos que passam pela rua a dormirem com elas. Que o leitor julgue esta sentença do sábio: "Há três coisas insaciáveis, e uma quarta que não diz: 'chega': o sepulcro, a matriz, a terra que nunca se vê saciada de água, e o fogo que é a quarta que não diz jamais 'chega.'" (*Provérbios*, capítulo XXX, versículo 15 e 16). Vemos este outro: "Há três coisas difíceis e ignoro a quarta: o caminho que a águia faz no ar, o caminho que a serpente faz sobre a pedra, o caminho do navio no mar e o caminho do homem para a mulher." (*Provérbios*, capítulo XXX, versículo 18 e 19). Se o sábio que teve mil mulheres não sabe o caminho do homem para a mulher, mal podemos sabê-lo nós que temos uma ou não temos nenhuma. Estas poucas explicações são suficientes para compreender que quando nos referimos a *Salomão*, em nossos graus, designamos a *Sol-Amen-Ra*, o super-homem, o homem solar, que faz ressuscitar o Cristo, que mora em cada um de nós, assassinado por nossa ignorância, ambição e ódio, como foi morto Hiram Abif, Mitra, Khrisna, Jesus etc.

4. Este é o Salomão dos maçons e nenhum outro.

5. Os símbolos do 6º grau são os seguintes:

Câmara negra: é o mundo interno do homem.
Nove luzes: por três de três e o *triângulo* de ouro. As nove luzes designam o número da humanidade (consultar o *Grau do mestre maçom e seus mistérios*: O novenário e a unidade). O triângulo de ouro representa a trindade de Deus e do homem (ver o *Grau do aprendiz e seus mistérios:* A trindade e a unidade). A cor amarela ouro é a intelectualidade.
Sala circular vermelha: é o corpo do homem visto por

dentro, isto é, o *homem interno*, e também simboliza o círculo com todos os seus significados.

Dois tronos: de Salomão e do Rei Hiram II de Tiro; simbolizam a subconsciência e a consciência no homem.

Cetro e espada flamígera: representam o intelecto e a autoridade.

Duas poltronas no Ocidente: os dois polos do corpo — o *ativo* e o *passivo*.

Guarda capitão e guarda tenente: o mesmo significado anterior dos polos positivo e negativo.

Uma picareta, uma alavanca e um malhete: a picareta é o TAU (T); a alavanca é a vontade que, tendo um ponto de apoio, pode levantar o mundo, como disse Arquimedes; o TAU (T) dos antigos se fez cruz, e a cruz se converteu em espada — poder em mãos do super-homem, como veremos depois.

Berith, Neder, Schelemoth: três palavras que significam "prometo aliança íntegra"; é o pacto entre o espírito e a matéria, e por último: *saber calar e estudar o outro eu.*

6. A iniciação: a iniciação deste grau está baseada na lenda que lhe deu origem. Vamos penetrar em nosso mundo interno para decifrar os mistérios do 6º grau.

A liturgia dispõe que, ao começar, o mestre ilustre que representa Salomão (face da trindade: *subconsciência*), permaneça só no Templo (corpo). Em seguida, entra no Templo o primeiro vigilante (mente consciente) que representa Hiram II, Rei de Tiro, atravessa rapidamente a antecâmara para pedir a Salomão o cumprimento do pacto estabelecido. Estes dois reis representam *também* os dois polos do homem, os quais, se não se unem em alguma parte, sua energia permanecerá inútil.

Johaben, que significa *filho de Deus*, manifesta-se no homem pelos dois polos, aproveitando a dualidade da unidade para formar a trindade. A mente consciente, ou rei de Tiro, indigna-se, como intelecto, pela presença daquele intruso, mas, a subconsciência, ou Salomão, lhe convence que o intruso esteve sempre oculto neles e com eles. Porém, eles não o sentiam porque ambos estavam dedicados à satisfação de suas paixões e inclinações, e por isto não puderam sentir, antes, sua presença. Hoje o Templo está terminado e está em perfeitas condições, e o *filho de Deus* tem que se manifestar em sua casa-templo, ou corpo.

7. O próprio título do 6º grau encerra um significado esotérico e outro exotérico. Representa os dois Salomãos: como secretário íntimo, pertence a *Sol-amen-ra*, o iniciado em seu mundo interno; e como mestre por curiosidade, leva o selo do esoterismo de Salomão, o rei bíblico.

8. A Bíblia também confirma o precedente quando diz: "O Templo de Salomão foi construído e nenhum obreiro ouvia o golpe de martelo de outro obreiro". Isso não pode ser verídico num Templo cujas dimensões internas não atingem a quase vinte metros de comprimento. Disso se deduz que, quando se fala do templo que não foi construído com golpes de martelo, designa-se o corpo-templo do Deus vivo e não o templo material construído pelo rei Salomão.

9. *Conhece-te a ti mesmo.* O maior conhecimento é o conhecimento de si mesmo. A Maçonaria foi a depositária de todos os conhecimentos antigos, e para que esses tesouros não fossem perdidos, colocou-os no coração do homem e fechou-os com chaves misteriosas, que são os símbolos. Nós, ao percorrermos o caminho assinalado pela Maçonaria, podemos alcançar aquela única fonte do conhecimento donde procedem todos os ensinamentos que lutam para abrir roteiros para uma melhor compreensão da vida. A fonte de toda sabedoria é o homem, o homem fonte e autor de toda doutrina religiosa, filosófica, científica e social.

Aqueles que se conformam apenas com a parte externa da religião ou da Maçonaria, aqueles que se conformam em tão somente ostentar um alto grau dentro da ordem hierárquica, passam pela vida sem compreender sua missão e a verdadeira mensagem da Maçonaria.

2. Lendas, verdades e mistérios

10. A finalidade de uma religião é apressar a evolução humana; mas é inútil querer dar a todos o mesmo ensinamento religioso. O que pode ser útil e um auxílio para alguns, seria incompreensível para outros, e o que pode produzir um êxtase num santo, não faz nenhum efeito num criminoso. Entretanto, todas as categorias humanas têm necessidade de uma religião até que o homem chegue a converter-se em *religião*, ou até alcançar uma vida superior à sua existência atual.

11. Porém, quando as religiões, por má administração de seus sacerdotes e fiéis, fracassam, surgem então seres, sejam enviados ou sejam existentes na própria humanidade, para sustentar o facho da luz levantada e afugentar as trevas do barbarismo e da ignorância.

Agora surge uma pergunta difícil de ser respondida: qual a origem das religiões?

Essa pergunta tem duas respostas em nossos tempos:

1ª A das mitologias comparadas.
2ª A das religiões comparadas.

Essas duas ciências demonstram, como base comum para suas respostas, os fatos estabelecidos.

12. Os dois grupos diferem, entretanto, na maneira de definir a natureza da origem das religiões. A mitologia comparada afirma que a religião é apenas uma expressão aperfeiçoada das ingênuas e bárbaras convenções de homens selvagens primitivos e assim assegura que a origem comum das religiões é uma ignorância comum. O animismo, o feiticismo, o culto à natureza, o culto ao Sol, não são mais do que uma flor surgida do charco; e que Krishna, Mitra e Cristo são descendentes de certos curandeiros civilizados que por sua alta sabedoria dominaram os ignorantes.

13. As religiões comparadas ensinam que toda religião tem ensinamentos de homens divinos que revelam, de tempos em tempos, os diferentes fragmentos de verdades religiosas e que as religiões selvagens são degenerações que resultam de uma longa decadência.

14. Os verdadeiros sábios aceitam as duas teorias e em nossa obra *Do sexo à divindade* demonstramos que o homem tem duas necessidades: uma é a instintiva e a outra é a consciente, e que as religiões e as leis foram impostas por necessidade e para utilidade. O valor relativo das afirmações das duas escolas deve ser julgado pelo valor das provas invocadas. A forma degenerada de uma ideia superior pode demonstrar uma estreita semelhança com o produto aperfeiçoado de uma ideia grosseira.

15. O sábio admite que uma religião civilizada resulta da evolução de uma não civilizada e ao mesmo tempo admite que a providência nunca abandonou o homem primitivo e sempre lhe enviou diretores e guias para dar-lhe lições de civilização e de progresso.

16. As religiões foram dadas a todos os povos, e cada religião devia satisfazer a necessidade moral e natural de cada povo. Cada religião deve chegar ao nível da inteligência de um povo, do contrário não ajudará sua evolução. A necessidade material obriga o homem a viver em sociedade e por esta razão foi ditada a lei de *amai-vos uns aos outros.*

17. No princípio do tempo — quando o homem começou a viver em sociedade pela necessidade urgente de defender-se e defender seus direitos — os homens viviam felizes. Não havia inveja, nem ódios, nem intrigas entre eles. Não havia enfermidades porque a carne estava bem equilibrada com o espírito. Para eles a vida era uma oração. Eram felizes e sentiam intuitivamente que o *dador de vida estava neles e eles estavam nele.* (Esta fase da vida está simbolizada pelo *paraíso* da Bíblia.)

18. Depois o homem começou a satisfazer desenfreadamente seus sentidos, *comendo do fruto proibido.* Tornou-se descontente, perdeu a felicidade e foi atacado por enfermidades, dores físicas e morais. Começou a buscar remédios para aliviar-se, assim como o caminho para a felicidade perdida. Ao fracassar em sua busca, recordou e recorreu novamente com orações ao *dador de vida*, para que o protegesse novamente.

19. Como a petição não foi atendida porque era egoísta e errada, o homem começou a buscar um meio para atrair novamente a complacência de seu criador, inventando teologias tão confusas e indefinidas como as águas do mar, e oferecendo sacrifícios vivos àquele Deus, a fim de apaziguá-lo.

20. Logo começaram a acreditar que o Sol, a Lua, a Terra e as estrelas são movidos por uma grande alma universal, que eles devem ser mensageiros, representantes da fonte da vida e que a eles devem ser dirigidas as preces para que intercedam ante aquele Deus que os abandonou. E com o tempo adoraram o sol material visível e deixaram de adorar o sol espiritual invisível que está em cada ser. Entretanto, havia ainda muitos que sentiam intimamente o *dador de vida* como luz inefável ou chama sagrada dentro do templo-corpo.

21. Gradualmente e através das idades, estes que sentiam a luz inefável em seu Íntimo converteram-se em sacerdotes, enquanto que os demais homens desciam mais profundamente no materialismo desenfreado. A religião abstrata tornou-se antropomórfica e assim o povo chegou a adorar a Deus, ou melhor, a um Deus fabricado por sua mente carnal.

22. A seu devido tempo a providência enviou os deuses das idades para visitar os filhos dos homens. E assim chegaram à Terra Orfeu, Mitra, Rama, Osíris, Krishna, Buda etc.

23. Ao Deus criado pelos homens foram atribuídos seus próprios vícios e defeitos: a cólera, o enfado, a intolerância e por último o suborno. Com orações e sacrifícios, pensavam: pode-se distraí-lo e apaziguá-lo. Chegaram até a mentir em seu nome dizendo que ele desejava sacrifícios humanos. O sacerdócio decaiu, as leis já não eram mais respeitadas pelos fortes, e por fim os sacerdotes e os governantes uniram-se contra o povo e como sanguessugas começaram a absorver o sangue das massas.

24. Entretanto, o mundo nunca foi abandonado pela providência (palavra cujo significado é muito adequado ao nome: vem de *prover*); pois bem, a providência sempre proveu o mundo de bons sacerdotes e de bons governantes, porém, como esses eram poucos ante a maioria, uniram-se secretamente para salvar o povo daquela bárbara tirania, devolver-lhe seus direitos e quebrar suas cadeias.

25. Estes salvadores do povo começaram a instruir gradualmente os homens porque sabiam que o poder sem o saber é uma temeridade perigosa. Tinham que formar suas sociedades e comparecer às reuniões com todo sigilo e secretamente; daí vem a denominação de sociedades secretas. Cada época teve suas sociedades secretas balizadas com nomes diferentes. O mais recente desses nomes é a sociedade ou fraternidade maçônica ou simplesmente a MAÇONARIA.

26. Os super-homens que formaram aquelas sociedades tiveram que iniciar seus adeptos no saber, no poder, no fazer e no calar.

27. O iniciado deve saber as quarenta e nove ciências, deve praticar durante toda a vida seu poder, deve trabalhar em benefício da humanidade e por último deve calar e imitar o exemplo de seu pai que age secretamente e recompensa silenciosamente. O iniciado deve, porém, sentir-se Deus e trabalhar sem esperar ou pedir recompensa.

28. Desta maneira vemos que desde o momento que um homem se levantou contra a tirania para defender o povo, esse homem era um maçom em espírito, embora não houvesse pertencido à Maçonaria ou à outra sociedade da mesma finalidade.

29. A religião dos super-homens e magos era praticada dentro do templo do Deus vivo. *Nosso Deus é um fogo*, mas de que fogo se fala?

O fogo divino que foi adorado no princípio transformou-se com o tempo pela ignorância e a degeneração em adoração ao Sol.

(“Profano! Não te aproximes daqui; tira o calçado de teus pés porque o lugar onde estás, terra santa é!”)

30. Agora sim, já podemos passar ao estudo das religiões para descobrir o *único espírito* de todas elas, que foi oculto com a roupagem das lendas.

31. Os iniciados, até nossos dias, adoram o Deus Íntimo, cuja primeira manifestação é fogo e luz dentro do corpo.

32. “Eu sou a luz do mundo; quem vem a mim não anda nas trevas”.

33. O secretário íntimo deve começar a estudar os mistérios de todas as religiões para que, quando chegue aos graus superiores, tenha em suas mãos as chaves de todas as lendas, inclusive a lenda de Hiram Abif, que encerra o mistério da morte e da ressurreição.

3. A pré-história e as tradições

34. No ano de 6 700 antes de Cristo, Ram conquistou Ceilão e dominou os negros. Assim começou o domínio dos brancos.

Segundo Saint-Yves de Alveydre, Ram mudou seu nome para Lam, e depois de manter a Ayodhya, como primeiro Kousha da Índia, cuja autoridade temporal se estendia sobre todos os reinos da Ásia Menor e Maior, como China, Japão, Cáucaso, Turan, Egito, Líbia, Etiópia e Ilhas do Mediterrâneo, Ram se fez rei espiritual, soberano pontífice da região do Tibet, onde formou a universidade invisível que influi sobre a Terra, e assim Lam, donde provém Lama, organizou a hierarquia contra os governos arbitrários e tirânicos que se estabeleceram pelo Cisma de Irshu.

35. O reino do Cordeiro não é um mito, é sim uma iluminação; não é como uma filosofia que dura pouco tempo nas mentes de poucos seres e desaparece logo com eles. O budismo e o cristianismo duram e durarão porque o livro sagrado de toda religião perdurará no mundo espiritual e todo profeta o reencontrará completo e exato no plano divino e nas estrelas. Cada astro é uma letra vivente para o iniciado. Jesus dizia: "O céu e a terra passarão, porém, nem um til da lei passará".

Aqueles que se dedicam ao estudo das letras poderão compreender que cada letra é o nome de uma divindade, da qual os magos sabem empregar seu poder, chamado *verbo*.

36. Os livros sagrados foram escritos com caracteres sagrados. De Moisés, Daniel, Esdras e dos Vedas, não possuímos mais do que um simples reflexo da verdade, porque perdemos os verdadeiros caracteres originais; porém, não é difícil encontrar no mundo inteiro ou na memória da natureza a cópia original e algum dia virá quem reconstruirá as escrituras sagradas de todos os povos. Jesus disse: "Só o que vem do alto pode subir ao alto". Por isso devemos ser tolerantes em matéria religiosa. Os livros sagrados foram escritos em três planos, ou para os três planos, e os homens lutam no terceiro.

37. Na idade de ouro, ou no Reino do Cordeiro, todos os brancos submetiam-se a um só pastor espiritual; um dia, porém, chegou em que certos revoltosos não mais quiseram seguir o jugo do dogmatismo e seguiram o caminho da razão. Então se descobriu a segunda lei dos livros sagrados, os quais seguem em sua estrutura a regra que rege a construção anatômica do corpo humano. E assim temos a doutrina do coração, a do cérebro e a terrestre, posto que o homem se divide em três partes: cabeça, coração e ventre.

38. Há três grandes períodos históricos na Índia e em seus livros sagrados:

1º O védico, ou a época de Ram, que dominou a Índia por meio dos ários, ou os nobres, até 3 200 ou 3 000 anos antes de Cristo. Então foram criados os vedas.
2º O período bramânico de 3 000 a 2 400 anos antes de Cristo. Certos homens recusaram o dogma da teocracia do Cordeiro, abandonaram a Índia para implantar pela força religiões brutais e leis cruéis. Já veremos como os iniciados do Cordeiro procuram deter o avanço desses religiosos rebeldes.
3º O período búdico. Com esta *triplicidade* em mente não se pode errar.

39. Os vedas são livros históricos importantes, e o que se encontra na Bíblia de história é copiado deles ou pelo menos se encontra nos mesmos vedas (palavra esta que significa ciência).

Há quatro vedas: rig, sama, yajur e atharva. É a primeira revelação ou clichê de todos os outros livros sagrados. Foram dogmas que logo foram recusados pelo bramanisno, o qual por meio da razão queria saber o porquê de tudo.

O período védico está caracterizado pela simplicidade de suas cerimônias sagradas. Os ários tinham um culto sábio; não tinham templos nem altares. Faziam fogo por meio da fricção de duas madeiras para seus altares simples, e o mantinham com manteiga clarificada. Ofereciam a seus deuses bolachas e um licor que desenvolvia certas faculdades no homem. Aquele licor preparava-se com a asclépia ácida, filtrando seu suco num tamis de lã de ovelhas; deixavam-no fermentar num vaso de madeira e era servido puro ou misturado com água ou leite: este era o *soma.*

Até hoje em todos os povos são empregadas certas plantas para produzir certos efeitos psíquicos; os civilizados usam o álcool. Antigamente o licor sagrado era paralelo ao sacrifício.

40. Entre os ários, ou os da religião do Cordeiro, o pai oficiava na aurora, ao meio dia e no ocaso. Logo, alguns dos filhos herdaram o rito dos pais, e assim, pouco a pouco, se formou a casta sacerdotal. Os outros combateram os amarelos e negros do país e assim se formou a casta guerreira. A raça vencida formou outras castas inferiores: os comerciantes e os artesãos. O bramanismo estava em formação. Desde então, a cabeça servida pelos instintos esforçou-se em dominar o mundo e as castas se estabeleceram.

41. Ao lado das revelações dogmáticas se manifestou a reação instintiva. É o ventre da sociedade hindu que causou a transição entre o vedismo e o bramanismo, caracterizado pelos upanishads ou comentários metafísicos dos vedas.

O bramanismo foi uma época maravilhosa do mundo, que nos deixou muitas obras seletas, literárias, filosóficas e até científicas, como os poemas: Mahabharata, Ramayana e os Puranas. No gênero dramático temos o de Kalidasa de Bhavabhuti e Carro de Argila.

Na poesia lírica: o Meghaduta, o Gita Govinda e o Pantchatantra, que deu origem às fábulas de Esopo.

Também nos deixou numerosos ensaios de astronomia e nos transmitiu, por meio dos árabes, as cifras decimais, a aritmética e a álgebra. Porém, sua maior obra foi o *Código de Manu* em doze livros, que abarcou todos os assuntos políticos a religiosos; esse Código foi a origem do *Código de Minos* na Grécia, de *Numa*, em Roma, de *Emm-Manu-El* dos judeus e dos cristãos.

Todo o bramanismo nos fala dos vedas ou da vedanta. É nitidamente religioso e divide-se em duas escolas.

42. Depois apareceu o sistema materialista de Kapila que nega a existência de Deus e só crê na imortalidade da alma, na eternidade e na onipotência de uma causa primeira, imperceptível e imutável que se chama Prakriti: a raiz das raízes da matéria cuja contraparte é Púrusha, o princípio sensível e inteligente. Patanjali, discípulo de Kapila, não se satisfez com a obra de seu mestre e admitiu a realidade de Deus, princípio eterno, neutro e indivisível. Esta escola produziu a Ioga ou a doutrina da união de todos os seres com o Ser Universal.

O Bhagavad Gita é um período do Mahabharata ou o Krishnaísmo.

43. Temos quatro épocas na evolução religiosa:

1ª Os livros dogmáticos ou revelação pelo coração.
2ª Comentários humanos destes escritos.
3ª Negação desta revelação.
4ª Retorno à revelação pelo coração.

Os discípulos de Kaishara levaram o nome dos iogues. O budismo sucedeu ao ioguismo; é uma espécie de protestantismo hindu, concebido por Gautama, filho do rei Sudhodana. Buda nasceu 650 anos antes de Jesus e completou os ensinamentos bramânicos, tomando o coração humano como a base essencial do sistema. Ensinou aos homens o desprezo do prazer, do sofrimento e da pobreza, predicando a necessidade da perfeição pessoal e o exercício da caridade para com todos os seres. Seus princípios foram: a igualdade dos homens por sua origem e destino; as castas não têm mais do que uma existência relativa e não absoluta. Os brâmanes trataram de arrancar os budistas da Índia e aniquilá-los. Há muita semelhança entre o budismo e o cristianismo.

44. Krishna tem a mesma história de Jesus pintada ou amoldada no modo hindu, e isso porque a verdade única está escrita no céu desde a criação da Terra. Ao penetrarmos no *arqueômetro* de Sant-Yves, podemos observar imparcialmente que Cristo foi a ponte que uniu a igreja patriarcal e o cristianismo nascente, e que antes de Cristo encarnado, o cristianismo existia há milhares de anos, porque Cristo não é um ser, e sim, um atributo eterno do Absoluto.

45. No ano de 3 200 antes de Jesus, o Cristo, houve a revolta religiosa científica e social da Índia; e os iniciados ários (ou do Cordeiro) exilaram os ionianos (ou do princípio feminino). Estes revolucionários guerreiros invadiram em sua conquista a Ásia Menor até o Egito. Seus reis adotaram a cor vermelha como sinal de poder, a qual deram o nome de pikshas ou de vermelhos, que foi traduzida na palavra *fenícios*.

Como o grosso deste exército de sectários estava composto de camponeses, foram designados com o nome de reis pastores. Eles suprimiram os conselhos governamentais sinárquicos e os substituíram pela soberania pessoal, absoluta e despótica. Os iniciados lutaram contra esse poder por longo tempo, e foram esses ionianos que dissolveram os colégios dos magos, matando todo iniciado conhecido.

O Irã caiu em seu poder, em seguida Sogdiana, Mervo-Balkh, Nishapur, Hsriva ou Herat moderna, Cabul, Khorassan meridional, Gürgan ou Djordian árabe, Kandahar, Sedjestar, Ragaia, Charuk, Varena agora Varek, a Índia e Yascartes.

Seu reinado foi o do despotismo e da crueldade, porém fundaram um grande império, que foi o assírio, com duas soberbas metrópoles: Nínive e Babilônia.

Ninus fortificou Nínive e perseguiu os iniciados durante sua vida. Dominou Armênia, Média e Irã que tomou o nome de Pérsia. Destruiu o resto da sinarquia que Ram havia estabelecido. Seus numerosos prisioneiros de guerra construíram e estenderam sua capital. Nínive tinha oitenta e sete quilômetros quadrados. Seus muros eram tão largos que sobre eles podiam correr três carros juntos. Tinha mil e quinhentas torres de duzentos pés de altura. Essa cidade foi arrasada por Ciáxares, rei de Média, no ano 625 antes de Cristo.

46. *Semi-Ram-Is* significa luz intelectual de Ram. Esta mulher, iniciada pelo colégio feminino mitráico, dirigido por Simma, esposa de Menonés, grande chanceler do império da Assíria, depois de Ninus, adotou o trinitarismo de Krishna, e conservando a pomba como signo dos iniciados ionianos, trocou a cor vermelha de seus estandartes pela cor branca. Por fim, Semíramis fundou Babilônia com casas de quatro andares, com seus templos, palácios, suas pontes de um quilômetro de comprimento. Seus exércitos cumpriram a lei esotérica: *o iniciado mata o iniciador*, atacando a Índia. A imperatriz da Assíria reuniu três milhões de soldados, quinhentos mil cavalos, cem mil camelos e cem mil carros de guerra, porém perdeu dois milhões e quinhentos mil homens porque, segundo os historiadores gregos, os hindus os combateram com canhões de bronze e armas de fogo que rechaçaram os conquistadores selvagens.

47. No entanto, os reis pastores ou hicsos, que vinham da Arábia com seu exército, conquistaram a Ásia Menor, porém nunca puderam dominar os celtas ou antigas colônias brancas, as quais preferiram exilar-se ou expatriar-se a sofrer o domínio ioniano. Uns penetraram no deserto e se converteram em badhones errantes ou beduínos, enquanto que outros passaram ao Egito e à Etiópia. Moisés deu a essa massa humana cruel e déspota, o nome de Nemrod, que significa o reino do adversário de Jeová ou a encarnação terrena de Satã.

48. Os iniciados dos templos trataram de salvar as artes e as ciências enviando um adepto depois desta destruição selvagem para reconstruir as bases sólidas da sociedade humana. Como não puderam reaver a unidade destroçada, estabeleceram em cada região um centro de revelação divina. Daquele momento em diante começaram a trabalhar as diferentes sociedades secretas.

Ao Irã veio um iluminado com o nome de Zoroastro, a Tiro, Sancho-Niaton. No Egito criaram os grandes mistérios; na China apareceu Fo-Hi.

49. No ano de 2700 antes de Cristo surgiu o primeiro florescimento de adeptos para o restabelecimento da doutrina de Ram. Mas os tiranos sempre perseguiram as leis dos reformadores. Veio Moisés que constituiu Is-Ra-El ou o Colégio Real de Deus. Orfeu arranca Helade da anarquia. O segundo Zoroastro aparece na Pérsia. Zoroastro teve muitos discípulos; um deles foi Odin que foi à Escandinávia, onde preparou a vitória definitiva dos celtas sobre os romanos. Odin compôs a mitologia dos povos nórdicos ou do norte da Europa, sobre a qual Wagner fundou seu teatro lírico. Por isso dizem que Wagner é obra de Zoroastro.

50. O mazdeísmo é a alta escola dos grandes sacerdotes; Zoroastro é o pontífice revelador do verbo solar porque os centros esotéricos ortodoxos haviam considerado o Sol como símbolo masculino contra os que tomaram a lua ou a pomba como princípio de suas crenças religiosas.

O mazdeísmo de Zoroastro salvou a ciência tradicional porque conservou os livros sagrados dos povos. Moisés também conservou os livros sagrados. Os sacerdotes egípcios os conservaram no tarô, que nos chegou integralmente, passando pelas mãos dos boêmios ou ciganos.

51. Do *Avesta* não nos chegou mais do que uma só parte dos vinte livros, por causa da perseguição ao mazdeísmo e aos iranianos pelos assírios, os gregos e os islãs. Depois da conquista maometana da Pérsia, milhares de seus habitantes fugiram para o oásis de Yezd e outros penetraram na Índia, onde formaram as colônias de Pársis, tais como as de Baroda, Bombai e Surate.

O *Avesta* data do século XVII antes de Cristo. Está escrito em língua zande e trata de tudo o que se chama magia. É a Bíblia mazdeísta nos 21 livros e é muito simples de ser compreendida. Tem sete capítulos sobre o homem e o universo, sete sobre as faculdades morais e sete sobre a natureza física.

52. Zoroastro salvou os iranianos da ruína moral, como Moisés o fez com a Bíblia ou o *Gênese*, mas se Moisés voltasse entre nós e visse tantas tolices atribuídas à sua obra, destruiria a Bíblia como o fez simbolicamente com as Tábuas da Lei, posto que, como iniciado, quis somente divulgar os princípios da iniciação assim resumidos: "Que Adão-Eva é o verbo universal. Que as almas inteligentes e animadoras da totalidade dos sistemas solares visíveis e invisíveis estão definidas em três termos: 1º Caim, ou o tempo, causa da força centrípeta universal; 2º Abel, ou o espaço etéreo, causa da força centrífuga universal e 3º Seth ou o espaço sideral, duplo e sêxtuplo." Noé é o princípio vital de nosso mundo solar; *Sem* é o espírito elevado e radiante; *Cam* é a atração ou o princípio do tempo; Jafet é o espaço ocupado com sua divisão equilibrada. Assim também Abraão significa Ra-Rama ou Brama, iniciado solar que busca refazer a unidade social e que apresenta à Sa-Rai, sua lei, o faraó, o mundo etc. Todos estes mistérios iniciáticos foram materializados e vestidos com a roupagem da carne e por isso perderam seu poder e beleza entre os homens. De passagem diremos que Is-Ra-El tem o mesmo significado de Adão e Eva; só difere que o feminino está anteposto ao masculino. Is: mãe; Ra: pai; El: o verbo universal.

53. Somente os essênios conservaram o verdadeiro sentido do *Sefer* ou *Gênese*, até a vinda de Jesus.

Os gregos não foram melhores do que os judeus; até a recordação de Orfeu acha-se desaparecida de suas memórias. Veio Pitágoras e fundou a célebre fraternidade iniciática e assim começou novamente a luta entre os políticos e os iniciados.

Ao cesarismo assírio sucedeu um poder mais perverso ainda: a Loba Romana. A ambição romana declarou guerra ao mundo inteiro. Todos os povos caíram nas garras da Loba. Numa quis imortalizá-la sem a força bruta, porém, seus sucessores ambiciosos e astutos preferiram este caminho.

Já era, pois, tempo, e a providência divina interveio diretamente. O Cristo apareceu e lançou seus discípulos ao assalto da fortaleza nemródica; e já estamos com o Cristo.

4. Dogma do cérebro e doutrina do coração

54. A doutrina do cérebro foi divulgada por Krishna, Fo-Hi, Zoroastro, para deter a selvageria dos povos.

Cerca de quinhentos anos antes de Cristo floresceram a tradição do coração e os cultos mágicos instituídos por Numa em Roma, Pitágoras na Grécia, Esdras entre os hebreus, Hermes no Egito, o último Zoroastro na Pérsia, Gautama na Índia, Lao-Tsé e Kong-Tsé na China e Son-Mau no Japão.

Assim também se organizaram as ordens laicas esotéricas: os cabalistas, os pitagóricos, os neoplatônicos e os essênios. Todos tinham relação muito íntima entre si. Em seguida ouviu-se falar de um novo acontecimento nos templos mágicos, e os magos caldeus tremeram, prostraram-se e adoraram.

Os magos astrólogos caldeus, dos santuários, que estudavam a natureza visível e invisível, viram que algo de extraordinário se produzia em nosso universo.

55. Sabia-se então que a Terra ocupava certo ponto do espaço celeste e que muito longe havia sinais que formavam um círculo traçado ao redor da Terra e do Sol e ao qual deram o nome de Zodíaco. Os antigos sabiam que as almas dos planetas interzodiacais não podiam jamais sair de seu círculo, antes da vinda do Cristo. Esta corrente astral foi chamada a *grande serpente*, em hebreu, *nahash* ou *a atração original de Moisés*. Esta serpente do simbolismo religioso da antiguidade e dos alquimistas da idade média, que morde a própria cauda, representava o limite que a alma devia passar. Esta é a razão pela qual os antigos criaram a ideia do tempo, do destino e de tudo o que está determinado.

56. Os sacerdotes caldeus, examinando os astros que brilhavam no firmamento, viram uma luz imensa que atravessava estes signos zodiacais, os quais, segundo uma tradição antiga, são guardados cada um por um gênio. Eles viram que os guardiões das portas zodiacais fugiam espantados. Sob a influência dessa luz se produziu um fenômeno estranho: a cabeça da serpente foi achatada e fundida com sua cauda, no círculo anterior primitivo, debaixo da Terra. O caminho para o plano divino foi aberto e as almas puderam passá-lo. A isso alude Valentim em *Pistis Sofia* quando relata as palavras de Jesus: "E o destino e a esfera sobre os quais dominam (Adão e todos os tiranos) eu os mudarei e os porei olhando para a esquerda durante seis meses, cumprindo sua influência astral, e em seguida os porei seis meses mais a olhar à sua direita cumprindo sua influência astral".

57. Esta é a chave do credo que afirma que o Cristo

desce ao inferno para libertar as almas dos justos. Desta maneira, uma luz radiante invadiu o plano astral de nosso sistema solar e os guardiões das portas da morte, os servidores da serpente, fugiram enceguecidos. A vestimenta de luz que cobre o enviado dos planos celestes chegou aos nossos signos zodiacais. O céu escutou as queixas de Pistis Sofia e o Redentor veio encarnar-se; sua estrela do céu invisível guiou os magos para o ponto de encontro dos três continentes e todos os centros de comunicação astro-terrestres cessaram em seus funcionamentos: tudo se calou!

58. Por que vieram os magos? Assim se diz segundo as escrituras: "Tu serás o sintetizador divino. Tu vais para reconstruir os cultos mágicos dos antigos. Tu vais permitir à esfinge sair de sua imobilidade e a raça branca vai reconstruir sua síntese de tua luz".

"Tu és Jesus, rei espiritual e salvador, cujo nome foi escrito há mais de 20 mil anos sobre as estrelas do céu.

"Tu serás o verbo do céu. Nós, os reis magos, representantes de cada uma das tradições anteriores, em nome da raça vermelha, da amarela e da negra, nos prostamos e te consagramos o salvador da raça branca e o iluminador das humanidades em todos os planos."

Na Judeia nasceu o salvador do mundo, depois de romper o círculo da serpente, para ensinar ao homem o caminho de regresso ao pai ou à união consciente com a divindade.

59. Muitos negaram a existência de Jesus e muitos

continuam negando. Isso não nos interessa de maneira nenhuma. São os historiadores científicos que devem refutar ou afirmar esta crença. Nós estamos citando a cosmogênese segundo a memória da natureza, que não é aceita nem por uns e nem por outros. Jesus, em sua meninice, recebeu os ensinamentos terrenos dos essênios, uns sábios que formavam a terceira seita entre os fariseus e saduceus.

60. Os fariseus eram os burgueses, que iam ao sábado no Templo e nele vendiam seus produtos; quando viam um profeta, o lapidavam ou o assassinavam a facadas, segundo a época.

Os saduceus eram os filósofos céticos ou materialistas que não acreditavam em quase nada.

Os essênios eram místicos e constituíam uma fraternidade laica que se assemelhava à dos pitagóricos. Somente eles possuíam o conhecimento exato da língua hebraica; quinhentos anos antes de Jesus, o *Sefer* não estava traduzido. Esdras tratou de fazê-lo e não pôde dar mais do que uma tradução absolutamente primitiva.

Como membros de uma sociedade secreta, os essênios tinham juramentos, sinais de reconhecimento, roupas especiais e normas a seguir. Comunicavam-se secretamente com os membros de outras ordens iniciáticas, e assim tinham relações com os pitagóricos, os neoplatônicos e os alexandrinos.

Na idade de doze anos, vemos Jesus no Templo com os essênios.

61. Jesus nunca foi à Índia, como afirmam certos autores. Os essênios nada podiam aprender dos hindus. O Messias prometido não tinha necessidade de buscar a luz da velha Ásia, nem a da raça vermelha para salvar a raça branca.

Onde esteve Jesus desde a idade de doze anos até aos trinta?

Pois simplesmente veio à Europa, esteve em Roma, Gália, Viena, Sicília e outras localidades.

Não acredita o leitor?

Pois o que se lê e o que está registrado na atmosfera ou memória secreta da natureza, é exatamente isto; todo clarividente pode vê-lo. Entretanto, isso não é o mais importante.

62. Os ensinamentos do Cristo também estão gravados na memória da natureza. "O céu e a terra perecerão, porém, um til da lei não perecerá", o que quer dizer: podem se queimar todos os evangelhos do mundo, porém, a palavra do Cristo será encontrada novamente porque está escrita *no além*. Como estava comunicada a vida do verbo e escrita no céu muito antes da encarnação de Jesus, pode-se observar que Krishna representou o prefigurado da vinda de Cristo.

Por tal motivo se diz que os verdadeiros evangelhos são eternos e não são como as filosofias do mundo, que estão hoje e não serão amanhã.

Jesus falou a três classes de inteligência: 1º às pessoas simples; 2º aos filósofos, sábios e rabinos; e 3º aos *convictos*, que foram em pequeno número. Essa foi sua missão celestial preparada de antemão.

63. Jesus atendia à saúde da alma e do corpo, como é natural.

Curava as enfermidades e dominava a natureza e a morte. Deixou-nos um evangelho ou código de saúde desconhecido até hoje pelo mundo.

Jesus é o único ser ao redor do qual se agrupam todos os partidos, religiões e escolas do mundo. Para o magnetizador, Ele é o maior dos magnetizadores; para o médico, é o melhor médico; para o espiritista, é o melhor médium, e assim sucessivamente com o psiquiatra, o socialista, o anarquista, o democrata e o comunista. Cada um de nós o aprecia a seu modo, o admira e o venera à sua maneira.

Jesus dominou a enfermidade e a morte, e ao mesmo tempo nos ensinou que nós todos podemos chegar a fazer o que ele fez se quisermos seguir seus passos.

Os milagres de Jesus encerram e ensinam a mais alta ciência, porém, Ele não é Deus por seus milagres, senão por sua obra e seu divino amor. Muitos homens têm feito os mesmos prodígios do Nazareno, porém ninguém o igualou em seu amor impessoal e divino. Jesus, em seus mistérios iniciáticos, afirmou o culto da igreja de Melquisedec, cuja ação direta consistia na comunhão do invisível com o visível e do visível com o invisível. Com estes ensinamentos iniciáticos derrubou o poder de todo sacerdócio organizado e a autoridade dos sacerdotes que falavam em nome do céu, e assim ensinou como deve o homem comunicar-se com o invisível sem ajuda e sem intermediário e sem pagar pelas orações. É por isso, e somente por seus ensinamentos, que foi julgado e condenado por uma assembleia de fariseus que temiam a perda do poder temporal.

64. Jesus revelou outro mistério: ninguém pode elevar-se se não descer do alto. Deixemos aos ingênuos darwinistas crer que a evolução começa no inferior e que o mono pode fazer-se homem; nada evolui se a condição superior não é duas vezes maior que a inferior. Necessita-se da dor e do sacrifício para elevar-se. Jesus morreu sofrendo todas as abominações das leis humanas injustas; tal como relatam os evangelhos. Porém, Jesus também ressuscitou. Ele também disse: "... dou minha vida para tornar a tomá-la. Ninguém a tira de mim, mas eu de mim mesmo a dou" (João 10:17-18).

Isso nos demonstra que existe certo poder, conhecido por alguns grandes adeptos, que faculta desintegrar, à vontade, a matéria física; Cristo valeu-se desse poder para *subtrair* o corpo da tumba. Em outras ocasiões materializava seu corpo astral segundo a necessidade do momento.

5. O que deve saber o secretário íntimo

O CORPO FÍSICO E A MEDICINA UNIVERSAL

65. Não há tempo nem espaço para insistir na conveniência e urgência em obedecer às nossas instruções. Se o aspirante tem confiança em seus instrutores, deve obedecê-los pelo bem de si mesmo até o momento de saber por si próprio a ciência e o benefício dos ensinamentos.

Se insistimos na perfeita mastigação, é porque, como médico, sabemos que a mastigação tem grande importância em dividir os alimentos sólidos em pedaços os menores possíveis. Assim o estômago poderá digerir melhor e o corpo alimentar-se mais.

Dissemos que a saliva umedece os alimentos e facilita sua passagem da boca ao estômago pelo conduto que é o esôfago, convertendo assim a fécula em açúcar. Por esta razão, o pão, as batatas e todos os alimentos que contêm fécula, devem ser mastigados com muito cuidado para que a saliva tenha tempo de exercer sua ação e para não causar dano ao estômago e à saúde.

A salivação forma o bolo alimentício apropriado para a digestão no estômago. O estômago digere bem se a boca prepara convenientemente o alimento, e esta preparação consiste em mastigá-lo e insalivá-lo.

66. O esôfago é o canal de comunicação entre a boca e o estômago. O estômago é uma espécie de bolsa, em feitio de retorta, de dois a três litros de capacidade e que pode contrair-se e dilatar-se em todas as direções. A superfície interna do estômago está forrada por uma película macia e felpuda, provida de milhões de pequenas glândulas que segregam o suco gástrico, composto de pepsina, coalho e ácido clorídrico. Se há algum defeito numa das três substâncias, a digestão é defeituosa e origina enfermidades. O estômago se comunica com o esôfago pela abertura cárdia e com os intestinos pelo piloro. Estas aberturas se contraem ou se dilatam por meio de fibras musculares que trabalham como os cordões de uma bolsa.

Quando o alimento, preparado pela mastigação e pela insalivação, chega ao estômago, este começa a mover-se como um batedor, para que a pasta alimentícia se empape bem do suco gástrico que ele secretou, o qual exerce sua ação com as albuminas e o glúten; porém não influi no amido, no açúcar e na gordura. (Isso indica ao aspirante que deve usar pouco destas substâncias para não cansar demais o estômago.)

O suco gástrico transforma os alimentos numa pasta chamada *quimo*, e enquanto dura a digestão no estômago, o *piloro* se fecha, para que o *quimo* não passe aos intestinos antes da hora.

67. A digestão estomacal dura de uma a quatro horas, segundo a qualidade de alimento; e uma vez terminada, o piloro se abre automaticamente e o *quimo* passa ao intestino delgado. O intestino delgado e grosso estão revestidos e envoltos por uma membrana chamada peritôneo. O intestino delgado mede uns seis metros de comprimento, porém, como está enrolado, ocupa pouco espaço.

Os trinta primeiros centímetros do intestino delgado constituem o *duodeno*, onde se detém o *quimo* ao sair do estômago.

No duodeno afluem três líquidos digestivos: o suco pancreático, segregado pelo pâncreas; o suco entérico ou intestinal, segregado por ele mesmo, e a bílis, que procede do fígado.

68. O suco pancreático atua à semelhança da saliva por sua natureza e ação, porque pelos fermentos que contêm, influi nas féculas e nas albuminas, convertendo a primeira em açúcar, como faz a saliva, e a segunda em peptona, como faz o suco gástrico.

O suco intestinal serve para macerar e lubrificar a massa da digestão, porém não influi nas féculas nem nas gorduras nem nas albuminas. Isso nos indica que não devemos abusar destes alimentos para não sobrecarregar o duodeno e causar-lhe, com o tempo, uma úlcera.

A ação dos sucos pancreático, intestinal e biliar, convertem o *quimo* num líquido chamado *quilo*, mais ou menos espesso, segundo a maior ou menor pureza dos alimentos ingeridos. Esta transformação constitui a digestão intestinal.

69. A bílis aflui ao duodeno ao mesmo tempo que o

suco pancreático. Seu objetivo é saponificar as gorduras, emulsioná-las como uma espécie de sabão e converter o açúcar de cana (sacarose) em açúcar de fruta (glicose). O estômago não digere os doces nem as gorduras, e por isso mesmo estes lhes causam males.

Além disso, a bílis dá sua matéria corante aos resíduos da digestão, evitando com isso que estes se corrompam dentro do corpo.

70. Do intestino delgado passa o *quilo* ao sangue por meio de uns canais muito finos, que se chamam *vasos quilíferos* e absorvem ou sugam o *quilo*. Porém não o absorvem todo, senão unicamente a porção necessária para manter a vida do corpo (o que indica que a vida não consiste no muito comer, mas em saber comer). O excedente passa ao intestino grosso donde é expulso pelo ânus ou saída do tubo digestivo.

No trajeto dos *vasos quilíferos*, antes de chegar ao sangue, o *quilo* experimenta misteriosa transformação ou transmutação, pois já não é o mesmo líquido que foi elaborado antes. Não se sabe em que consiste nem como se processa esta transmutação.

O baço é outro órgão misterioso, de função desconhecida, ainda que se saiba que elabora os glóbulos vermelhos do sangue.

71. O fígado é a maior glândula do corpo; no adulto pesa um quilo e meio. Os *vasos quilíferos* derramam o quilo nas veias pequenas que se reúnem noutra maior, chamada veia porta, que entra no fígado; esta glândula destrói todos os elementos nocivos que vão misturados com o alimento, deixando passar unicamente os elementos sadios. Também converte a sacarose em glicose.

Se o fígado deixasse de funcionar durante algumas horas, sobreviria sem remédio a morte; por esse motivo o estudante deve cuidar de sua saúde escolhendo alimento puro e são, senão chegará o dia em que se cansa o fígado de trabalhar demasiadamente e será vencido pelas enfermidades.

Quando o fígado não pode destruir todos os elementos nocivos, estes passam ao sangue e causam as enfermidades infecciosas e convertem o homem em receptor de todas as patologias, porque o sangue é o veículo do *ego*: quanto mais puros forem os alimentos, menos trabalho terá o fígado, e assim haverá harmonia no mecanismo da digestão, base fundamental da saúde.

Instruções:

1º Mastigar perfeitamente bem.
2º Beber um gole de água a cada meia hora.
3º Não abusar de doces, gorduras, féculas e albuminas.
4º Para um estômago delicado é necessário não engolir o alimento; deixar que a própria insalivação arraste o alimento ao estômago. Ao mesmo tempo cura-se a dispepsia e até a úlcera.
5º Durante cinco minutos depois de cada refeição, se possível, deitar-se de costas e procurar fazer saltar

suavemente o ventre até acima: este exercício corrige todos os defeitos do sistema digestivo.
6º Nunca se deve comer até fartar-se. Sempre comer para viver. Sempre comer menos do que o estômago pede.

Este é o caminho do super-homem ou maçom.

Invocação:

Para aqueles que se sentem maravilhados ante o milagre dos milagres e a maravilha das maravilhas, que é o corpo físico e sua divina função:

— *Ó poderosa presença divina em mim, assume o domínio absoluto de minha mente, de meu corpo e de meu mundo, e faz com que todas as dificuldades externas e internas se desvaneçam para sempre!*

6. O corpo astral da alma e a medicina universal

72. Dissemos na lição anterior que o corpo astral da alma vive e se alimenta por meio da respiração; por esse motivo devemos estudar até a perfeição o mistério da respiração para compreender, no futuro, como se deve desenvolver este corpo para certos fins desejados.

O homem que ainda não se desenvolveu tem o corpo da alma tal qual uma massa de matéria vagamente formada e mal organizada.

Podemos falar livremente sobre este corpo da alma porque já temos vários métodos para demonstrá-lo cientificamente; em tempo oportuno, cada um poderá experimentar estes métodos e ao mesmo tempo poderá desenhar seu próprio corpo astral. Isso já não é um mistério, ou melhor, já é tempo de dar ao mundo estes exercícios ou práticas que até hoje foram patrimônio dos templos e de certos seres privilegiados.

Se a respiração desenvolve o corpo de desejos ou astral da alma, estudemo-la como é e por que, a fim de adquirirmos um melhor proveito do *saber, do querer e do fazer*.

O aparelho respiratório compõe-se principalmente dos

seguintes órgãos: *boca, nariz, faringe, traqueia, artérias, brônquios e pulmões.*

Estudemos o papel de cada um deles.

A boca se comunica com a faringe e serve de entrada e saída ao ar, ainda que não seja de maneira indispensável e direta, pois se pode respirar perfeitamente com a boca fechada.

A faringe é a parte superior do esôfago e se comunica diretamente com a laringe por uma abertura chamada glote. Nesta abertura existe uma válvula chamada epiglote que, no momento de engolir o alimento ou água, fecha automaticamente a glote para não deixar passar nada à laringe. Sem dúvida acontece que, por engolir ou beber demasiadamente apressado, ou rir, engole-se sem querer, e uma porção passa à laringe, ocasionando violentos acessos de tosse até que se expulse o corpo estranho.

73. As narinas ou fossas nasais comunicam-se diretamente com a faringe; esta, por sua vez, comunica-se com a laringe, e assim, no devido momento da deglutição, passam os alimentos por cima da epiglote e como está fechada a glote, suspende-se momentaneamente a respiração.

(Bendita sê, presença divina, que modulaste com teu poder os princípios da vida: dou-te graças por tua maravilhosa atividade e por tua presença no mundo do corpo físico.)

Por esse motivo há o perigo de asfixia quando se engasga com um osso, espinha ou alguma coisa mal mastigada, e assim vemos que sob o aspecto mecânico ou de funcionamento, está relacionada a alimentação com a respiração.

Convém advertir que a faringe se comunica também com os ouvidos por meio de canais, um em cada ouvido, chamados *trompas de eustáquio*.

A laringe comunica-se pela parte inferior com a *traqueia*, que é um verdadeiro tubo de ar. A traqueia tem uns dez centímetros de comprimento, e em sua extremidade inferior bifurca-se em dois tubos ou canais chamados *brônquios*.

Esses dois brônquios se ramificam em numerosos canais, que são cada vez de menor diâmetro até se estenderem como pequenas redes por toda a massa dos pulmões.

Os *pulmões* são dois órgãos de tecido esponjoso com inúmeros vasos capilares em seu tecido. Podem dilatar-se e contrair-se como uma esponja ou um fole. E verdadeiramente são eles os foles do corpo e com esses foles podem se comunicar conscientemente com o corpo da alma.

Os pulmões estão recobertos por uma membrana chamada pleura. O pulmão esquerdo divide-se em duas partes e o pulmão direito em três e estas partes chamam-se lóbulos.

Entre os dois pulmões está o coração.

Recapitulando: boca, nariz, faringe, laringe, traqueia, brônquios e bronquíolos, chamam-se em conjunto *vias respiratórias*, porque por todos estes órgãos passa o ar até os pulmões.

74. O aparelho respiratório funciona pela ação dos músculos contidos nas costelas e na coluna vertebral ou espinhaço, que, ao se contraírem, aumentam o peito ou cavidade torácica (com este alargamento se alarga também o corpo da alma).

De modo que o ar penetra por seu próprio volume pelo nariz e pela boca, ou só pelo nariz caso a boca esteja fechada.

Esta é a razão pela qual respiramos sem sentir e sem que interfira a vontade. *Esta respiração automática e inconsciente é incompleta.* Basta apenas para a vida, *porém não é o bastante para a saúde e para o desenvolvimento da alma*, porque o ar penetra nas vias respiratórias com pouca pressão e não chega a todo o tecido dos pulmões.

Os jogos e esportes desenvolvem a respiração completa, ainda que apenas em certas épocas da vida, e preservam a juventude das várias enfermidades do aparelho respiratório, porque alargam a cavidade torácica e fortalecem os pulmões.

75. O super-homem tem de praticar muitos exercícios físicos e respiratórios para conservar sempre a respiração completa, aquela que passa pelas vias respiratórias e chega aos pulmões levando ar suficiente para impregnar todo o tecido sem que parte alguma se prive de ar.

Sem entrar em minúcias, podemos esclarecer: as artérias pulmonares que saem do coração e se ramificam capilarmente (da espessura de um fio de cabelo) pelos pulmões levam a esses órgãos o sangue venoso, ou seja, o sangue escuro e impuro, carregado com os detritos eliminados pelos tecidos do corpo e especialmente dos músculos.

Ao contato com o oxigênio do ar que enche os pulmões, os detritos se queimam, produz-se o calor e o sangue venoso, negro ou impuro, converte-se em sangue arterial, vermelho e puro, que vai ao coração por meio das *veias pulmonares* e do coração se reparte por todas as partes do corpo.

Todas as veias carregam sangue impuro e negro e com todas as artérias, que vão do coração aos pulmões, acontece exatamente o contrário: as artérias carregam sangue negro e as veias carregam sangue vermelho ou arterial.

76. O oxigênio transforma o sangue impuro em sangue puro; logo, é indispensável uma completa e perfeita respiração de ar puro que contenha a natural proporção de oxigênio.

Nunca se deve respirar ou inspirar pela boca, e sim pelas narinas, porque o ar, ao passar pelas fossas nasais, se aquece se está frio e se livra dos fragmentos de pó e das demais partículas que sempre carrega. Pela boca o ar não se refina como no filtro que existe nas fossas nasais.

O mecanismo da respiração consta de duas operações: inspiração e expiração.

77. Meditemos nesta palavra: *inspiração*. É a operação pela qual se alarga a cavidade do peito pela ação dos músculos intercostais e do diafragma, e o ar puro penetra nas vias respiratórias de onde passa aos pulmões. (Porém, significa também iluminação, receptividade de alguma revelação superior e divina).

A expiração é o ato contrário à inspiração, com o que se estreita a cavidade torácica e se expulsa pelas vias respiratórias o ar viciado.

Exercícios:

Inspirar lentamente durante oito palpitações (pulsações)
Reter, procurando trazer o peito para fora, reduzindo o ventre para dentro, oito palpitações (pulsações).
Expelir lentamente durante oito palpitações (pulsações)
Deixar o pulmão vazio oito palpitações (pulsações)

7. A mente e a medicina universal

Poderosa e infinita presença divina: tu eras e serás sempre onipotente! Tu, poderoso princípio ativo da vida, ajuda as atividades de cada homem, para que teu supremo poder se manifeste em toda parte, abre nossos olhos para ver-te! Bendita sê!

78. O trabalho de cada célula, em cada órgão, é regido por um ou vários nervos diretores, como os mordomos do grupo de células operárias dentro do respectivo departamento do corpo. Podemos repetir que todos os nervos têm por origem comum o cérebro, semelhante a uma raiz donde nasce o tronco, ou seja, a medula espinhal (o tutano ou miolo das vértebras) que se abriga na coluna vertebral.

Pelos dois nervos que partem de ambos os lados da medula espinhal, chamados vago e simpático (ida e pingala segundo os iogues), é distribuída ao corpo a energia vital recebida do sangue, da respiração e do pensamento.

O cérebro é o órgão da mente, corpo do *eu humano*, e por meio desse cérebro o *ego* se relaciona com o corpo físico e com os objetos do mundo exterior.

79. Por meio do cérebro o espírito atualiza sua energia mental, que procede, por natureza, do mesmo espírito essencialmente UM com o espírito universal.

A energia mental aplicada sobre o corpo físico próprio ou alheio e sobre suas funções por meio do pensamento elevado, influi de maneira surpreendente na conservação e recuperação da saúde (como veremos ao estudar e praticar o magnetismo, hipnotismo e sugestão). Esta influência voluntária e conscientemente provocada pela mente nas células dos órgãos se chama, pela ciência, autossugestão e sugestão. Preferimos dar-lhe o nome de *reeducação.*

80. Pela reeducação ou sugestão voluntária e consciente, podem se converter, ao cabo de inúmeras repetições, essas influências em involuntárias e inconscientes, e então se adquire o hábito ou costume. Também as células, como seres vivos, têm adquirido, à força de repetições, o hábito de fazer continuamente o mesmo, de sorte que parece trabalharem automaticamente, sem interferência da vontade e ainda mesmo contra a vontade do indivíduo.

O homem desconhece a função e a natureza das células, ou mesmo conhecendo-as, deixa-as que sigam atuando segundo o hábito adquirido.

Porém, se o indivíduo sabe valer-se de sua energia aplicando-a conscientemente a determinado órgão, as células obedecerão às influências e trabalharão segundo se lhes ordene. Tal é o significado da reeducação ou autossugestão.

81. A autossugestão está intimamente relacionada com a imaginação. Imaginar uma coisa com alegria e aceitá-la é converter-se no objeto daquilo que foi imaginado. O impossível não é fruto da imaginação; antes o é da fantasia.

O super-homem é aquele que, por meio da imaginação e vontade, fez de suas células um exército obediente ao pensamento positivo e eliminou delas tudo quanto é negativo.

Consequentemente, todos os nossos defeitos e vícios são filhos ou produtos de nossa própria mente e nada têm a ver conosco em relação ao nosso caráter negativo.

82. Tal como o homem pensa em seu coração, assim ele é, disse o mestre. Se for verdade que o homem acaba por converter-se no que pensa, também é verdade que nas condições de sua saúde física e moral, nas qualidades de seu caráter e o estado do seu organismo, acabam por prevalecer aqueles que perseverantemente as imaginam, contanto que tal seja naturalmente possível.

Sem dúvida a autossugestão não basta por si mesma para manter a saúde ou recuperá-la uma vez perdida. É necessário que seja acompanhada pela alimentação sadia, a boa respiração e a medicina universal, porque uma úlcera do estômago não obedece somente à sugestão se, por outro lado, levamos uma vida em tudo contrária ao perfeito funcionamento deste órgão.

83. Por enquanto devemos saber que a mente é o veículo do *ego*; é como o espelho que reflete as imagens dos objetos. Não conhecemos as coisas em si mesmas, senão apenas pelo efeito que produzem em nossa consciência.

Consciência é o reconhecimento de nossa individualidade, do EU SOU, distinguindo-nos dos demais seres e coisas existente no mundo exterior. Tudo quanto fazemos na vida diária, em estado de vigília, temos consciência de que somos nós quem o fazemos sob o domínio da consciência.

Subconsciência é o conjunto de atos e funções tais como a digestão, circulação do sangue, respiração e outras operações que se efetuam ordinariamente sem que tenhamos consciência direta delas, ainda que se admita a possibilidade de que a consciência foi o incentivo destes fatores e que chegue mesmo a reger a subconsciência.

Superconsciência é a consciência do EU SOU em estado superior ao da consciência ordinária e por isso é chamada também consciência superior como EU SUBLIMADO.

84. Toda enfermidade que não foi ocasionada por uma queda ou acidente externo tem certamente por causa um defeito nas funções da digestão e da respiração (*porque o homem adoece pela boca ou pelo nariz*) ou ainda em consequência de pensamentos ou perturbações sinistras da mente e do ânimo.

INSTRUÇÕES DE MEDICINA PSÍQUICA E UNIVERSAL

a) Conservar a saúde ou recuperá-la por meio da autoeducação e sugestão consciente, consiste em adquirir a convicção e contrair o hábito saudável de beber durante o dia de dois a três litros de água fresca provinda de manancial de pureza indiscutível.
A água fresca e pura estimula a atividade das células das glândulas excretoras, aumenta o suco ou sucos digestivos e favorece as secreções internas e facilita a depuração dos rins.
A água, deve-se tomar aos goles, sorvendo-a; nunca engoli-la de uma vez. Bebendo-a, convêm pensar no efeito saudável que ela há de produzir nas células glandulares.
b) O pensamento posto nos efeitos saudáveis da água estabelecerá uma corrente de energia mental que influirá nas células.
c) Dar graças à mesa é um costume que tem por fim concentrar o pensamento positivo, por meio da oração, nos alimentos a fim de que sejam reparadores, saudáveis e proveitosos ao corpo.
d) Afirmar que a comida nos trará proveito, nos dará boa digestão e boa assimilação.
e) Comer com medo de sofrer um dano, mesmo que o alimento seja bom e puro, é o mesmo que comer algo prejudicial e afirmar que não nos vai fazer mal. Ambas as atitudes são erradas, mesmo que às vezes a autossugestão prevaleça contra as más condições do alimento.

f) A magnetização da água, empregando a palavra durante esse processo, produz efeitos surpreendentes, por exemplo:
Estender as duas mãos sobre o recipiente de água e dizer: *certamente esta água lavará meu corpo, favorecendo a ação dos rins para purificar o sangue e aumentar a secreção dos sucos digestivos para favorecer a digestão.*
g) Depois terá de aprender os exercícios respiratórios indicados, pensando também no saudável efeito do oxigênio de ar na purificação do sangue.
h) Nunca se deve queixar de doença, para não aumentar o sofrimento. O povo diz: quando mais caso se faz da dor, mais ela aumenta. E é verdade, porque fazer caso da dor significa pensar nela. Não fazer caso da dor é dirigir o pensamento a outro ponto e a dor se alivia.
i) Finalmente, para recuperar e conservar a saúde, é indispensável combinar com os quatro tratamentos, tendo presente a recíproca dependência entre o corpo, a alma, a mente corpo do *espírito*, que constituem a trindade humana à imagem e semelhança de *Deus*.

8. A religião dos sábios — Progresso e conservação

85. O espírito é o princípio do progresso; a matéria é o princípio da conservação.

A conservação é a base do progresso, porque conservar o que existe é assegurar um ponto de partida para chegar a fazer o que não existe ainda. A conservação é o ponto conhecido de onde se pode chegar ao progresso desconhecido.

A conservação deve ser como a matéria, sempre em transformação, porque do contrário será uma inércia, a negação do movimento e do progresso.

A conservação é um estacionamento num lugar determinado; dura o tempo necessário até preparar os elementos para chegar a um novo progresso.

Cada feito de progresso fica como base até que outro venha ultrapassá-lo e ocupe o seu lugar, aí ficando imóvel para servir ao progresso que virá depois, e assim sucessivamente.

Logo, o progresso se eleva sobre a conservação.

Assim, a conservação é uma escala; sobre seu grau inferior se apoia o progresso para chegar a um grau superior e assim até chegar à perfeição infinita.

Quando o progresso abandona um grau inferior, este se introduz na história e deixa de existir para o mesmo progresso que ascendeu a um grau superior.

O progresso é um melhoramento moral que deve manifestar-se em melhoramento material; de outra maneira não poderia ser apreciado nem cairia debaixo dos nossos sentidos.

Todo progresso é então o resultado de uma conservação, e toda a conservação é o meio de um novo progresso, cuja finalidade é a perfeição infinita.

A conservação não pode existir senão onde existir o progresso, e o progresso se detém se não encontra a conservação como auxiliar.

Assim como a matéria está subordinada ao espírito, a conservação o está ao progresso.

AS LEIS DOS INFINITOS

86. A liberdade do espírito.

Fora dos dois infinitos: espírito e matéria, nada poderá existir. Logo, todos os fenômenos morais e materiais que se manifestam no universo estão igualmente em formação no espírito e na matéria.

Todo efeito tem sua causa; o efeito é o resultado da ação comum do espírito e da matéria, ou seja, a causa.

O progresso e a conservação demonstraram o papel do espírito e da matéria na busca da perfeição indefinida; mas quais são as leis que regem o espírito e a matéria?

A lei que rege o espírito ou princípio moral deve também reger os fatos morais que emanam do espírito, pela única razão de que o que rege o todo deve também reger as partes.

Pela mesma razão, a lei que rege a totalidade do princípio físico ou a matéria deve reger suas partes também, porque estas emanam dela.

A grande lei que rege o espírito e todos os seus efeitos morais chama-se liberdade.

A grande lei que rege a matéria e seus efeitos físicos chama-se fatalidade ou lei natural.

A liberdade e a fatalidade são as duas leis que regem o universo e todas as consequências que emanam dele.

A liberdade é a faculdade que tem o espírito ativo de operar nos limites de sua natureza.

O espírito é bom e poderoso porque tem a liberdade de exercer e manifestar a sua bondade e o seu poder; então a liberdade é necessária para o espírito poder exercer seu poder e sua bondade.

Logo, o espírito não pode deixar de ser bom porque do contrário deixaria de ser espírito. Não pode com a liberdade fazer o mal porque deixaria de existir e sairia dos limites de sua própria natureza.

87. DIREITO E DEVER.

A grande lei da liberdade dá nascimento a duas leis de ordem inferior, que são uma consequência e se chamam o *direito e o dever.*

A liberdade é a faculdade do ser ativo que possui seus

movimentos nos limites de sua natureza. Mover-se é o objetivo do espírito para cumprir sua finalidade que é *fazer o bem*.

Então pode-se definir a liberdade desta maneira: é a faculdade de fazer o bem com a obrigação de não fazer o mal; ou melhor: *a liberdade é a faculdade de fazer o bem com a obrigação de fazer o bem*.

Se a faculdade de fazer o bem é direito, e a obrigação de fazer o bem é dever, então a liberdade é o direito e o dever de fazer o bem.

Não há direito sem dever; não há dever sem direito. Direito e dever são duas leis do espírito, e aplicáveis a todas as consciências morais.

Daí se deduz que aquele que tem direito de fazer alguma coisa, tem também o dever de fazê-la. Da mesma forma, aquele que tem o dever de fazer algo, tem também o direito de fazê-lo.

O direito não existe senão em favor do progresso. E o dever não existe senão em favor do direito. O direito sem o dever é a loucura. O dever sem o direito é a escravidão.

Fora da liberdade não há direito nem dever.

88. RELATIVIDADE DOS INFINITOS ENTRE SI.

Autoridade do espírito sobre a matéria.

Eternamente existiu o espírito com a matéria. Ou seja, o ativo frente ao passivo.

O espírito emana atividade, a atividade produz o poder, o poder tem liberdade, a liberdade possui o direito e o direito engendra o dever; mas *o dever tem autoridade*.

O dever é uma força que impulsiona sempre o espírito para o seu objetivo que é o *progresso* e o progresso se manifesta pela ação do espírito sobre a matéria.

Para que o espírito possa operar sobre a matéria com vistas para o progresso, ele tem que unir-se com ela para poder fecundá-la. A linha de união entre os dois para poder colaborar para um objetivo comum, que é o progresso, e conservando cada qual seu papel, é a supremacia do espírito-esposo sobre a matéria-esposa e a obediência desta ao espírito.

Essa linha de união entre os dois é a *autoridade.*

A autoridade é o direito absoluto que usa o espírito sobre a matéria para a sua finalidade que é o progresso.

A autoridade provém do dever.

Somente um ser superior pode exercer sua autoridade sobre um ser inferior; assim a autoridade é o exercício do poder.

A atividade é uma das qualidades do espírito; o poder emana da atividade, porque ele guia a direção do movimento; o poder vem da potência, e a potência é sempre indefinida, enquanto que o poder é determinado. A autoridade nasce do poder. É a aplicação da atividade à coisa inerte para arrastá-la na ação cuja finalidade é um feito definido.

A genealogia da autoridade remonta então até ao espírito. Ao espírito somente pertence a autoridade, como são suas a atividade, a potência e o poder.

89. Podemos então deduzir: ao espírito pertence a autoridade que exerce sobre a matéria. Ele é o superior e a matéria é o inferior, daí resulta que o espírito tem autoridade *somente* sobre a matéria e que a matéria *somente* deve sofrer e obedecer à autoridade do espírito.

Desta autoridade do espírito sobre a matéria resultou o primeiro feito: a organização do universo.

Para chegar a esse primeiro feito, que não é mais senão o primeiro passo no caminho do progresso, o espírito pôs em movimento sua atividade. O movimento do espírito produziu um movimento igual na matéria.

Esses dois movimentos combinados produziram uma ação comum e dessa ação comum resultou um feito. Esse feito, primeiro objetivo da ação comum do espírito e da matéria, foi o primeiro trabalho da organização do *universo.*

90. DIVERSIFICAÇÃO DO INFINITO EM FINITOS.

A organização do *universo* foi o primeiro feito do espírito ativando a matéria.

Sendo este feito um progresso realizado, deve ser conservado para servir de ponto de partida a um segundo feito, que será mais um grau de progresso sobre o primeiro.

Neste primeiro período tudo era infinito: *espaço, tempo, matéria e espírito.* Esse primeiro período escapa à nossa compreensão finita.

A elaboração do primeiro ato ou primeiro feito tinha por objetivo o de fazer em partes a Unidade; de fazer partes finitas do infinito, de dividir, de combinar e de organizar.

No segundo período, o espírito operará de uma maneira integral sobre a matéria integral, ou seja, o infinito opera no infinito.

O resultado desta ação será o progresso.

O progresso será infinito como a ação que o produziu.

O espírito e a matéria caminharão para o progresso infinito, por meio de uma série de progressos finitos; ou seja, por meio de uma série de ações determinadas que produzem feitos cada vez mais elevados.

Então: o *espírito* e a *matéria* devem partir do infinito para chegar ao finito. E para que o espírito e a matéria partam do infinito, é necessário que o espírito integral opere sobre a matéria integral. Mas para chegar ao finito, é mister que o espírito se divida ao dividir a matéria.

91. DERIVADO DO INFINITO.

O espírito não pode dividir-se sem dividir igualmente seu correlativo, o tempo, em uma infinidade de durações ou partes finitas de tempo. A matéria também não pode dividir-se sem dividir o seu correlativo, o espaço, em uma infinidade de extensões ou partes limitadas do espaço.

Ao espírito dividido se chamará *feitos morais*, à matéria dividida se chamará *feitos físicos*, ao tempo dividido se chamará *durações*, ao espaço dividido se chamará *extensões*.

O espírito, a matéria, o tempo e o espaço não existirão mais como um só bloco, mas eles não serão menos infinitos, porque o número dos seus feitos morais, físicos, durações e extensões, serão sempre *infinitos*.

Dessa maneira o espírito e a matéria partem do infinito para chegar ao finito, e do finito para chegar ao infinito.

Assim é que o primeiro objetivo do espírito é dividir em partes o que é um todo, começando por si mesmo.

Cada porção da matéria infinita corresponde a uma porção determinada do espírito infinito. Cada porção da matéria infinita foi dividida para igual porção de espírito infinito, assim como a integridade da matéria infinita existe para igual integridade de espírito infinito e vice-versa.

Da mesma maneira, cada porção do tempo é em vista de uma porção do espírito, como a integridade do tempo existe em vista da integridade do espírito e vice-versa.

Também cada porção do espaço corresponde a uma porção da matéria, como o é a integridade do espaço para com a integridade da matéria.

A correlatividade é para as partes o que é para o todo: um feito moral tem por correlativo a duração; um feito físico tem por correlativo a extensão e vice-versa.

Um feito moral é o derivado do espírito. Um feito físico é o derivado da matéria. A duração é o derivado do tempo. A extensão é o derivado do espaço.

Os derivados são a transição do infinito ao finito, mas passando do infinito ao finito. *Não mudam de natureza.* Cada derivado conserva todas as propriedades primitivas menos a de infinito, que ele deve perder.

Os derivados têm um princípio e um fim, por isso deixam de ser infinitos. Eles têm limites no espaço e no tempo; nascem e morrem como aglomeração, como corpo ou parte, *mas como substância material ou moral são eternos.*

A duração para os feitos morais é como o tempo para o espírito. Não se pode conceber que um feito moral se cumpra se não passa por certa duração de tempo; logo, essa duração é a ausência ou o vazio do feito moral. Assim como também para que se possa cumprir o feito, precisam-se de extensão e lugar.

Portanto, o feito moral e feito físico dão nascimento à duração e à extensão, nas quais devem cumprir-se. Da mesma forma, a duração e a extensão dão nascimento ao feito moral e ao físico.

Por conseguinte: uns são necessários aos outros e não podem existir sem eles, *cada um é a condição para a existência do outro*. Se um morre ou se perde, arrasta consigo o outro; quer dizer, se a matéria deixa de existir como parte do corpo, o espírito deixa de operar nesta parte ou corpo: *mas como substância são sempre eternos*!

A primeira ação do espírito sobre a matéria foi uma ação integral sobre a matéria integral. A segunda ação do espírito sobre a matéria é o espírito parcelado operando sobre a matéria parcelada. *É o átomo do espírito que atua sobre o átomo da matéria e a ação do finito sobre o finito*, em vista do infinito.

92. O ESPÍRITO E A MATÉRIA FORMAM O UNIVERSO.

O resultado da ação de dois infinitos operando um sobre o outro será também infinito como os que o geram.

O primeiro feito do espírito infinito sobre a matéria infinita foi a organização do universo. O universo é infinito como os elementos que o formam.

93. Se nada foi começado, nada pode ser terminado. Tudo o que existe é, então, infinito no tempo e no espaço.

O universo é a fonte do progresso; *o progresso é infinito* como a fonte de onde emana.

O universo como conjunto é infinito, mas cada parte que o compõe, cada corpo nele tem limites e é essencialmente finito. Da mesma forma, o progresso é infinito em sua totalidade, mas cada feito de progresso, cada progresso parcial tem limites e é finito.

Iguais são o espírito e a matéria, são infinitos em seu conjunto, mas existem partes do espírito e na matéria, ou melhor, do espírito e da matéria. Há átomos de espírito e há átomos de matéria. O conjunto desta infinidade de átomos é que forma o espírito infinito e a matéria infinita, assim como a infinidade das partes ou corpos forma o universo infinito.

Logo, o espírito e a matéria passam do infinito ao feito finito para chegarem ao progresso infinito.

7º Grau
PREBOSTE E JUIZ OU MESTRE IRLANDÊS

1. Sétimo grau. Preboste e juiz ou mestre irlandês

INTRODUÇÃO HISTÓRICA

1. Os mistérios egípcios eram zelosamente guardados; raros estrangeiros foram neles admitidos. A Bíblia diz que "Moisés foi instruído em toda a sabedoria dos egípcios". Depois transmitiu seu conhecimento à classe sacerdotal dos israelitas, e assim se manteve, em forma mais ou menos pura, até a época de David e Salomão, que construiu o Templo com o intento de conservar em seu povo as ciências arcanas e misteriosas dos egípcios.

2. Desgraçadamente não teve êxito nisso porque havia se perdido o significado da tradição e dos símbolos dos mistérios. Entretanto, Salomão resolveu construir o Templo. Porém, como nem ele nem seu povo podia fazê-lo porque já haviam perdido o significado oculto e verdadeiro da iniciação nos mistérios, teve de acudir à dos mistérios fenícios e, portanto, em vez de falar ao seu povo da simbólica morte e ressurreição de Osíris no Egito ou da de Adônis-Tamuz na Fenícia, inventou o relato que constitui a atual tradição maçônica e fez todo o ritual à maneira hebraica, substituindo as palavras egípcias por outras hebreias. Esse é todo o papel de Salomão na Maçonaria.

3. Ao agir desta maneira, Salomão não fez outra coisa senão colocar as práticas de seu povo em correspondência com as nações circunvizinhas. Nessas nações havia muitas tradições de mistérios e, embora Moisés houvesse levado consigo a tradição egípcia, os sírios, os babilônios e os fenícios conservavam a tradição da *descida de Tamuz ou Adônis,* em vez do *desmembramento de Osíris* (ver o 4º e o 5º graus desta série).

4. O ponto de vista da Maçonaria tem quatro espécies de interpretações, que são as seguintes:

> 1º Interpretar em ação simbólica como o Grande Arquiteto construiu o universo. O plano da Loja e os movimentos nela feitos demonstram alguns dos fundamentais princípios que serviram para a construção do universo. O movimento vertical, o levantar e abater das colunas, a cruz, a âncora e o cálice sobre a escala da evolução e muitas outras coisas se interpretam no sentido expresso. Os diferentes graus maçônicos demonstram o processo do Grande Arquiteto e os princípios a que se ajusta Sua Obra. Portanto, os maçons conservam, mediante ações invariáveis, a memória de certos fenômenos e leis da natureza. Por isso temos dito e repetimos novamente agora, que a Maçonaria é um fato da natureza.

2º Por este motivo se tem dito: *como é em cima, assim é embaixo*, e isso quer dizer que o homem deve ter uma conduta coerente com a lei estabelecida pelo Grande Arquiteto do Universo. E o homem deve converter-se conscientemente em Deus para cooperar na Obra de Deus. O esquadro que se emprega no ajuste das pedras, simbolicamente tem que ajustar a conduta do indivíduo para que este alcance a mais estrita probidade e elevado grau de pureza física, emocional e mental. Exige-se a perfeita retidão e justiça, amabilidade, benevolência, fazer aos demais o que queira que se lhe faça. Logo, a Maçonaria é um sistema de moral e saber, velado por alegoria e exposto por símbolos.

3º O trabalho é a preparação para a morte e para o que segue além da morte. As cerimônias maçônicas proporcionam copiosa informação sobre a vida ultraterrena. Ensina que no mundo de ultratumba regem as mesmas leis que no terrestre, que em ambos os lugares estamos em presença de *Eus* e que não há o que temer onde se invoca Seu Nome Sagrado.

4º A quarta interpretação é a mais difícil de explicar. Para isso se deve penetrar no mistério do *Livro dos mortos*, já que nem todo maçom está em condições de experimentar por si mesmo e recordar as vidas passadas dos povos, suas leis e suas religiões.

5. O *Livro dos mortos* descreve muitas passagens da iniciação nos mistérios e tem muitos símbolos adotados atualmente pela Maçonaria. O Templo no Egito tinha a forma de um duplo quadrado, em cujo centro havia três cubos em disposição de altar sobre o qual se colocavam os *Livros Sagrados*. Os três cubos representavam Osíris, Ísis e Hórus. Na entrada do Templo havia duas colunas. Todo símbolo tem sete significados. Podemos dar a significação de alguns, porém, não nos é possível divulgar os três últimos porque não estamos preparados para a crucificação. A porta do Templo e as duas colunas simbolizam que ao unir-se o espírito e a matéria, o céu e a terra, forma-se o homem, que deve caminhar para o mundo superior onde a alma se entrefunde com o espírito imortal e fica assim para sempre.

Segundo diz o *Livro dos mortos*, o neófito, ao entrar pela porta do Templo, se lhe perguntava quem era. Respondia que era *Shu*, o suplicante que chegava cego em busca da luz. Ao entrar, o neófito pisava no quadrado, e ao pisá-lo, supunha-se que ia pisando o quaternário inferior ou personalidade do homem, a fim de desenvolver a tríade superior, o *Eu* ou alma.

O *Livro dos mortos* diz ainda que, se o neófito violasse seu juramento, seria seu pescoço cortado e seu coração arrancado. O papiro de Nesi-Amsu menciona outro grau em que se lhe esquartejava o corpo, o reduzia a cinzas que, sobre a superfície das águas, se espalhavam aos quatro ventos.

6. O malhete se fazia então de pedra, o avental era de couro retangular. O do 1º grau era totalmente branco, como hoje em dia. Os mestres maçons o possuíam com cores brilhantes e profusão de joias e borlas de ouro.

A estrela flamígera era de oito pontas em vez de seis ou cinco. Era denominada a *estrela da manhã* e era o símbolo do *Hórus da ressurreição*, o qual é representado com ela sobre a cabeça.

7. O esquadro maçônico era *Neka*, para esquadrar a conduta. Construir com o esquadro era construir para sempre. Osíris estava sentado sobre o esquadro na sala do juízo para julgar os mortos. Então, o esquadro simbolizava o fundamento da lei eterna.

8. O *Livro dos mortos* é um manual destinado a servir de guia no mundo astral (depois da morte) com várias instruções a respeito de como haviam de se conduzir os defuntos e os iniciados nas regiões inferiores daquele outro mundo. Desta maneira vemos que os segredos maçônicos estão estreitamente ligados com o mundo da vida póstuma.

9. O que mais surpreende à razão humana é a descoberta de que todas as religiões e escolas secretas brotam de uma só fonte. Os símbolos rasgam o véu destes mistérios. Tomemos por exemplo a cruz. Na escada do altar há três emblemas: uma cruz, uma âncora e um cálice com uma mão estendida em atitude de alcançar, o que segundo o ritual explicativo simboliza as três virtudes cardinais: *fé, esperança* e *caridade*. A rigor, o símbolo típico da caridade é um coração, como aparece em algumas plantas de templos, em vez do cálice.

Segundo Wilmshurst, a cruz é o corpo do homem que deve levá-lo a subir. As tendências desse corpo cruz estão sempre cruzadas com os desejos do espírito, cuja ascensão contrariam. Todos devem subir assim carregados, porém, cada um deve subir só. Outra explicação é a seguinte: os braços da cruz devem estender-se uma para cima, para alcançar a proteção dos poderes invisíveis, e outra para baixo, para repartir os dons recebidos, porque ninguém vive apenas para si próprio.

A cruz também tem sido o sinal da primeira efusão divina procedente do terceiro aspecto ou terceira pessoa da trindade, chamada Espírito Santo pelos cristãos e é o doador de vida que flutua sobre as águas.

A *cruz de malta*, com os braços que vêm alargando, simboliza o constante incremento do fluxo divino.

A *cruz* que está em rotação ativa e que de seus extremos brotam chamas, que formam ângulos retos com os braços, é a *cruz swástica*.

Hoje a cruz que se coloca sobre a escada do altar e que tem a forma latina simboliza a onda de vida procedente do segundo aspecto ou segunda pessoa da divindade; é a *cruz* de Cristo.

Da *cruz* que simboliza a onda de vida procedente do primeiro aspecto da divindade nada podemos dizer, e até temos medo de haver dito demasiado.

Disto deduzimos que todos os mistérios conhecidos hoje pela Maçonaria e as religiões eram conhecidos desde tempos imemoriais, porque a *verdade é sempre uma*.

2. O grau de preboste e juiz ou mestre irlandês e sua história profana

10. Dizem os manuais: a criação deste grau maçônico obedece à lenda que refere que, depois da morte do mestre Hiram, o rei Salomão instituiu sete prebostes e juízes, cujo chefe foi Tito, a fim de que ouvissem as queixas e administrassem justiça entre os obreiros do Templo.

Constituídos em tribunal, celebravam suas reuniões na *câmara do meio*, onde, encerradas se conservavam as atas em uma caixa de ébano, cuja chave era guardada pelo chefe. Ali se administrava justiça igual para todos os obreiros representados por fenícios e judeus.

11. A história do grau também diz: além de preboste e juiz, este grau leva também o nome de *mestre irlandês*, que é sinônimo de *sábio*. Este segundo nome confirma nossa afirmação ao explicar que cada escola, ensinamento e religião tem duas faces: uma externa e outra interna. Da mesma forma o fundador de uma religião tem duas personalidades: uma histórica e outra mítica.

12. Nossas provas refutam a primeira história. Não nos parece fundamentada a opinião histórica de alguns maçons ao afirmarem que Salomão instituiu o 7º grau e lhe deu o título de preboste e juiz para administrar justiça aos obreiros; pois bem, nós podemos assegurar que depois da morte de Hiram, os trabalhos do Templo já estavam concluídos, e nada tem de verossímil uma instituição depois que os obreiros finalizaram seus trabalhos.

O título de *mestre irlandês* nos autoriza a buscar outra origem para o 7º grau. Sabemos que depois da queda do Império Romano, um grande número de iniciados emigrou e foi colonizar a Escandinávia e a Suécia; ali foram estabelecidos os mistérios e a civilização entre os bárbaros, cujas leis eram a força bruta, e ali mesmo os princípios da justiça foram exercitados entre os povos e estes foram conduzidos à brandura em seus costumes. Os sacerdotes, habituados a sondar a inteligência humana, começaram a iniciar os chefes bárbaros, e as massas populares os seguiram facilmente. Com muita cautela e prudência, ensinaram os mistérios menores aos novos iniciados, e estes os acharam tão proveitosos e vantajosos que rapidamente excederam às esperanças dos próprios iniciadores. O povo abandonou a brutalidade e a selvageria e tornou-se dócil às novas leis que administravam justiça e equidade.

13. Este grau representa o primeiro estabelecimento judiciário. Nada tem de comum com a construção do Templo de Salomão, e sim, tem íntima relação com o *templo de Deus vivo*, que é o corpo humano. A chave do mistério está confiada ao iniciado para abrir um cofre de ébanono; *o cofre é o coração do homem que contém a legislação e assim o iniciado desempenha o papel de sacerdote e legislador*. O cofre de ébano não pode representar, como se pretende, o segredo do *plano do templo*, porque uma vez acabado o Templo, é inútil guardar por mais tempo o segredo do plano.

14. Podemos interpretar o 7º grau desta maneira: quando o Eu superior, a razão, sente e compreende que *o Cristo está morto em nós*, assassinado pela ignorância, a ambição e o ódio, trata de vitalizar os *sete centros energéticos* que estão colocados dentro do corpo (*na câmara do meio*). A caixa de ébano representa o interior do corpo; a chave é a memória e as atas são só fatos do ser humano, gravadas em letras de fogo em seu mundo interior.

Os obreiros deste *templo-corpo* são suas células e átomos que trabalham para o bem-estar comum do homem, mas este, com sua mente, na maioria das vezes tergiversa as leis naturais para satisfazer um desejo desenfreado ou uma paixão animal que causa perturbação entre as massas internas e externas que trabalham pelo bem dos organismos. Estas leis estão escritas no íntimo de todo átomo, célula, órgão e ser. Nada pode ir contra estas leis, salvo o homem que é um deus e tem o poder de tergiversá-las, embora momentaneamente; mas a dor causada pela desobediência o obriga a retornar ao caminho reto. São Paulo disse: "Aqueles que têm leis, serão julgados segundo essas leis, e os que não têm leis, segundo as mesmas serão julgados, porque as leis estão escritas em seus corações".

Temos dito que a dor causada pela desobediência é o melhor mestre e guia do homem porque lhe ensina como vitalizar e cuidar de seus centros magnéticos para que o Cristo assassinado, ou crucificado e aparentemente morto nele, ressuscite novamente.

Agora podemos continuar a história profana do 7º grau.

15. Diz a história que o título de *mestre irlandês* procede da época de Carlos Magno, o qual, não achando no Ocidente quem pudesse ensinar filosofia e ciências nos centros que fundou para acabar com a ignorância que reinava no império, teve que ir buscá-los na Irlanda, país que os imperadores do Oriente chamavam *esmeralda dos mares*, chegando a ser tão famoso em sua erudição naqueles tempos que constituía a maior glória ser chamado mestre irlandês.

Filiados aqueles professores aos homens livres que haviam estabelecido as guildas, conseguiram de Carlos Magno que cessasse suas perseguições contra os que antes chamavam "hereges" e reconhecesse o direito de determinados povos de governar a si próprios, com o que se começou na Europa o grau de preboste e juiz, que proclamava os princípios que defendiam as guildas e as *vehetrias* espanholas.

O objetivo primordial do 7º grau é o de inculcar no ânimo dos iniciados as ideias de acuidade e justiça, assim como o acendrado amor pela sabedoria é um dos mais interessantes da série capitular.

16. Com imparcialidade declaramos que Salomão, o rei, não instituiu o 7º grau, porque é uma fábula a que relata que o rei, querendo premiar seu confidente Jahoben, ordenou a Tito, príncipe herodiano, a Abda, seu filho, e a Adoniram, confiar o 7º grau a Jahoben, que ao sentir-se maravilhado pronunciou a palavra CIVI, ao que Salomão, levantando, respondeu KY, dando-lhe uma balança como insígnia de sua nova dignidade.

Nossas provas são as seguintes:

1ª O nome de Jahoben e de Tito não se encontram em nenhuma história e não são mais do que nomes alegóricos.
2ª O 7º grau foi instituído depois de Salomão, porque a instrução deste grau começa por uma interessante questão política: *em que consistem as funções de um juiz?* A resposta é: *em fazer justiça a todos, sem exceção alguma.* Esta doutrina era desconhecida de Salomão porque ele criou castas às quais deu privilégios. Esta doutrina de fazer justiça a todos foi estabelecida por Jesus Cristo, que não apenas a ensinou, senão a praticou e se crucificou para estabelecê-la.
3ª Os iniciados romanos que foram buscar refúgio na Escandinávia foram os autores do 7º grau, que foi intitulado *mestre irlandês.*

4ª A estes iniciados se deve o estabelecimento da igualdade na justiça entre os suecos.
5ª Que Salomão e os diversos personagens mencionados neste grau não são mais do que alegorias.
6ª Este grau é uma filiação direta dos mistérios da antiguidade.

17. RESUMO:
Segue o estudo do outro *eu*.
A decoração vermelha simboliza a energia. É o elemento que acende o desejo da alma e impera sobre o homem, como veremos depois.

Cinco luzes, uma em cada ângulo do salão e uma no centro, representam a personalidade, como explicamos anteriormente. O espírito com mais quatro elementos é o construtor que dispõe dos quatro elementos para a obra universal.

A chave de ouro é o poder do pensamento que nos abre a porta do *saber*, por sua cor amarela.

O bolso com a rosa vermelha é o símbolo do *grânulo da vida,* que encerra o arquétipo de tudo o criado. A rosa é o símbolo da geração e regeneração.

A espada é o poder do verbo e demais símbolos explicados anteriormente.

P. S.: YANIKAJ — Grande Arquiteto.

P. P.: OTIT — quatro elementos.

Os ensinamentos obrigatórios para o 7º grau se baseiam no conhecimento de si mesmo, e este estudo conduz a decifrar, saber e sentir a *unidade na separatividade*, e que as partes distintas ou espíritos do homem são iguais em sua essência e em sua procedência, de onde se deduz que "*eu sou o que o Criador é, logo eu sou o que os demais são*".

18. INTERROGATÓRIO.
O Iltr.·. e Perf.·. Mest.·. interroga ao recipendiário:

— O que entendeis por soberania?
— Soberania vem de *super omnium*, que equivale a "sobre tudo", é o poder de ditar leis e fazê-las efetivas.
— Quem é ou deve ser o soberano?
— A soberania é como a verdade que não é patrimônio de uma só pessoa, senão da associação humana; o povo, ou a soma de todos os homens que constituem uma união, é o único soberano e cada homem tem um direito igual a concorrer ao exercício dessa soberania, se os associados lhe delegam o poder de representá-los. O povo elege e depõe, faz e desfaz, seu é o poder legislativo. A soberania é a vontade e o direito do povo. Entretanto, o Poder Executivo, ou seja, o encarregado de cumprir as leis, corresponde, segundo os países, a um monarca limitado por uma constituição, a um presidente ou a uma coletividade de poucos membros que representam o povo.
— O que entendeis por associação humana?
— É uma vasta oficina de produção a serviço do bem-estar comum, à qual cada um contribui segundo suas forças e meios, e na qual deve possuir direitos diferentes conforme a garantia que dá ou o trabalho que presta.

— Como dividis os direitos do homem?

— Em naturais, civis e políticos. Os naturais pertencem a todos os homens. Os civis, aos membros de um país ou determinada associação, que dependem das leis nascidas de suas próprias necessidades, ou dos usos e costumes de suas tradições. Os políticos, ou seja, as faculdades de eleger ou ser eleito para governar a associação, só podem corresponder aos que esta determinar, pois de seu bom ou mau uso, depende a existência.

— O que nos aconselham a justiça e a equidade na distribuição dos direitos do homem?

— Fazer com que todos, sem exceção alguma, gozem dos direitos naturais. O maçom deve ajudar para que cada um obtenha seus direitos naturais, porque a Maçonaria foi instituída para este fim.

Ajudar o fraco, mitigar o mal causado pelo tirano e prover o remédio da situação sem convulsões nem perigos. Quanto aos direitos civis, aqueles que não conhecem as leis do país não podem representar em juízo, senão por procuradores. Para a distribuição dos direitos políticos deve-se agir com prudência e tino, com especialidade em países de raças diversas e onde os interesses existem em permanente luta para não ofender a justiça nem cometer faltas à equidade.

— Quais são os deveres do governo?

— Defender o fraco contra o forte, velar pela salubridade pública, proteger o presente sem comprometer o futuro; não há melhor governo do que aquele em que não se vê impor o seu governo.

3. O plano dos elementais do G.·. A.·. D.·. U.·.

19. No plano dos elementos, os elementais manifestam suas ações e reações nas formas materiais. Nesse plano estão os átomos, os elétrons, os íons e corpúsculos, e também as partículas mais finas da substância, que a ciência recentemente começou vislumbrar desde o momento em que praticou a divisão do átomo. Podemos dizer que nesse plano se encontram os planos de substância mais tênues e sutis do que os elétrons e os átomos. A ciência comprovou e reconhece a presença de "uma substância" nos átomos e atribui seus movimentos a "gostos e desgostos", "amor e ódio", ou afinidade nascida de certas qualidades em uns e em outros e que tais movimentos indicam que os átomos possuem forma e grau de sensibilidade.

20. Diz a ciência que todas as formas de energia ou força física que manifestam luz, calor, eletricidade, magnetismo etc., nascem das vibrações das partículas de que se compõe a matéria. A manifestação de atração ou repulsão entre as partículas nasce dos "gostos e desgostos", "amor e ódio" dos mesmos átomos e partículas, e que tudo isso não é mais do que *manifestações de consciência elemental*. Logo, a manifestação de energia é o resultado da presença e atividade da consciência elemental. Neste plano de consciência operam muitas formas e fatos chamados "milagres" por uns, e "mágicas" por outros.

O super-homem, o mago, o mestre, move a matéria não pela força física, e sim pela mente e a vontade, influindo na consciência dos átomos materiais pelo poder de sua própria consciência.

21. O plano da consciência elemental contém, como todos os grandes planos de consciência, sete subplanos. Em todo plano e subplano se manifestam as ações e reações dos átomos e moléculas em atração ou repulsão nascidas do gosto ou desgosto, da simpatia e antipatia, resultantes da atração e repulsão entre moléculas e massas de matéria. As partículas que mantém a massa do aço mantém sua coesão em virtude do poder atrativo e não por meios mecânicos empregados pela natureza.

22. O estudo da cristalografia demonstrou que as partículas formam sobre um plano definido certas figuras geométricas que são, em todos os casos, um modelo segundo uma ideia na consciência das partículas combinadas.

23. O *Grande Arquiteto do Universo* atua por meio da consciência das partículas de modo muito admirável, desde o plano mineral até o humano. O estudo do átomo e da molécula leva nossos pensamentos a contemplar rapidamente a oficina do *construtor universal* na qual vemos coisas que *nem o olho humano tem podido ver.* Nisto consistia o *poder do alquimista* que transmutava os minerais porque sabia que a formação dos cristais dos mesmos é um crescimento ou resultado de ideias fixas nas partículas, tal qual o crescimento das plantas e dos corpos humanos. Agora já podemos lançar ao mundo a mais alta verdade para que possa compreender e praticar a operação mágica. Esta verdade é a seguinte:

24. A MENTE SUPERIOR DOMINA A INFERIOR.

O mundo invisível dos átomos está povoado, como temos visto, por seres espirituais de diversas classes.

Há uns que são insensíveis ao bem como ao mal, porém, podem converter-se em instrumentos tanto de um como de outro. Estes espíritos são designados com o nome de *espíritos elementais*. Existem outros habitantes neste mundo invisível, porém, com vibrações muito baixas, com vontades perversas que são criações dos suicidas, libertinos, ladrões etc. e são chamados *larvas*, ou, às vezes, elementares por outras escolas. Essas larvas estão dominadas por um só desejo: *a satisfação do prazer insatisfeito.* Este mundo invisível está, de igual maneira, povoado por nossas ideias e pensamentos que atuam como seres reais e existentes.

Agora já podemos explicar o fenômeno:

25. Cada pensamento do homem passa ao mundo interior e ali se transforma numa entidade ativa, por sua associação ou fusão com um elemental, isto é, com uma das forças semi-inteligentes dos reinos da natureza. Esta entidade sobrevive como uma inteligência ativa ou uma criatura engendrada pelo espírito, durante um tempo mais ou menos longo, segundo a intensidade original da ação cerebral que lhe deu o ser.

Desta forma, um bom pensamento é perpetuado como um poder ativamente benéfico; enquanto que um mau pensamento assemelha-se a um demônio ou é o próprio demônio. Desta sorte o homem está rodeado daquelas entidades com as quais ele provocou seu próprio mundo, e são como seus próprios filhos, de suas fantasias, de seus desejos, de seus impulsos e de suas paixões. Esta corrente se manifesta em proporção de sua intensidade dinâmica sobre toda a organização sensitiva ou nervosa que se encontra em contato com ela. *É a isso que os hindus dão o nome de karma.*

26. O agente por meio do qual se pode atuar sobre estas forças intelectuais é a vontade. Por isto temos dito que a mente superior ou a vontade superior domina a inferior. As faculdades humanas são para aqueles seres que são indiferentes ao bem como ao mal, e por tal motivo eles atuam segundo o impulso da vontade que é superior a eles. Existem, às vezes, certas pessoas que abandonam o uso de sua própria vontade e se entregam às hostes invisíveis; então as larvas encontram um instrumento apropriado para satisfazer seus desejos desenfreados. Estes são os médiuns espíritas de baixas condições.

Entretanto, não se deve crer que estamos criticando arbitrariamente o espiritismo, senão que o próprio pai do espiritismo, Allan Kardec, afirma em todas as suas obras o que temos dito, e 90% dos espíritas o sabem e o ensinam com toda a honestidade.

27. O verdadeiro super-homem não pode entregar sua vontade a ninguém porque sabe que a vontade do homem pode influenciar até a própria providência, porque quando atua em uma alma justa e forte, essa vontade está assistida pelas forças celestiais e operam com ela. Eliphas Levy disse: "A vontade do homem justo é a própria vontade de Deus". A vontade acrisolada pela fé pode subjugar a necessidade de ordenar a própria natureza e fazer "milagres". Desta maneira, nunca falta o poder ao homem, mas sim a vontade desenvolvida, porque aquilo que quer com fé, obtém. Disse *Böehme*: "Quanto maior é a vontade, maior é o ser e mais inspirado está o poder". *A vontade e a liberdade são uma mesma coisa.*

A personalidade mais desenvolvida é mais dominadora; é a fonte da luz. A fé vai resolutamente à sua frente; ela modela sua própria forma em espírito. Por ela uma alma recebe e pode levar sua influência a outra alma e penetrar na mais íntima de sua essência. Quando atua com Deus, ela pode remover montanhas, confundir as intenções dos ímpios, soprar sobre eles a desordem e o temor. Ela pode obrar todos os prodígios, dominar e encadear até a própria morte; tudo lhe obedece. A personalidade mais desenvolvida é *a morada de Deus*; nada lhe pode prejudicar e ela executa as mesmas obras de Jesus e de todos os homens santos e perfeitos.

28. Uma personalidade desenvolvida realiza milagres servindo-se dos elementos da natureza. Os elementais do ar são espíritos que obedecem ao super-homem que desenvolveu sua vontade por meio da concentração e da meditação. Estes elementais ensinam ao homem a agir justamente sem necessidade de pensar, e a afrontar o perigo sem necessidade de pensar nele, até depois que haja passado. Os elementais superiores obedecem ao homem que busca a perfeição e se esforça em seu desenvolvimento, enquanto que os inferiores se apoderam do feiticeiro e do médium inferior e representam personagens históricos ou santos, imitando sua voz, sua caligrafia, sua fisionomia, e, às vezes, falam o próprio idioma. Eles produzem, à larga, perturbações mentais em suas vítimas, destruindo a fluidez do corpo astral da alma. (ver *Grau do mestre maçom e seus mistérios*, capítulo 3).

29. Em resumo: o batismo da água é a prova da água cujo objetivo é o domínio do corpo de desejos, astral ou corpo da alma. A prova do ar tem por objetivo o domínio da mente e conduzi-la à perfeita concentração para atrair os silfos superiores e agir por meio deles para o bem de todos. Os elementais são os meios pelos quais o super-homem pode executar suas obras que o vulgo chama "milagres". Um adepto não pode produzir um milagre ou um fato contra a natureza porque o milagre não pode existir.

30. Madame Blavatsky em sua obra *Ísis sem véu* nos deixou um precioso ensinamento sobre o particular, que reproduzimos adiante:

31.

1º Não há milagres; tudo o que acontece é o resultado de uma lei eterna, imutável, sempre ativa.
2º A natureza é trina: visível, invisível e espiritual. Os seres inferiores mudam constantemente, os espirituais são eternos, indestrutíveis.
3º O homem é também trino: físico, alma e espírito.
4º A magia é a ciência do conhecimento dos princípios onipotentes e oniscientes do espírito e controla as forças da natureza. A magia considerada como arte é a aplicação desses conhecimentos praticamente.
5º Esses conhecimentos usados para os proveitos egoístas são bruxaria; porém para o bem são magia.
6º O médium é o oposto do adepto. O médium é um instrumento passivo de uma influência estranha, enquanto que o adepto exerce ativamente seu poder sobre si mesmo e sobre todos os poderes.
7º Tudo está escrito na luz astral. O adepto usando a vista de seu espírito pode saber o que foi e o que será.
8º As raças humanas se diferem em dons espirituais como em dons corporais: umas exercem a bruxaria e outras a magia.
9º A habilidade mágica é a extração voluntária e consciente do poder humano de dentro para fora: do astral ao físico etc.

10º A pedra angular da magia é o conhecimento prático e profundo do magnetismo e da eletricidade, de sua qualidade, de sua correlação e de sua potencialidade etc. Para resumir, diremos em poucas palavras que a *magia é a sabedoria espiritual; a natureza é a aliada material, serva do mago.* O mago pode influir sobre as condições dos corpos físicos, mas *nunca* pode exercer sua ação sobre o espírito imortal de algum ser humano porque o espírito humano é uma chispa da própria essência divina.

4. Conhece-te a ti mesmo e aos demais pela caracterologia

32. "*Tal como pensa o homem em seu coração, assim ele é*", dizem os livros; e também se pode acrescentar: o que uma pessoa é, está escrito em seu rosto. Aristóteles foi o primeiro mestre que ensinou a ciência de ler em um rosto. Cardan, Lescot, Porta e muitos outros seguiram o caminho. Gall foi o criador da frenologia. Lavater nos deu a simples e justa definição:

Conhecer o interior do homem pelo seu exterior!

33. Todo movimento psíquico, todo impulso interior, se reflete no rosto e vai deixando sua marca infalível denominada *expressão*. A expressão definida de um rosto é filha da repetição de impulsos em uma direção determinada. Dizem que as aparências enganam; isso é certo às vezes, porém, sempre se afirma que *a cara é o espelho da alma*; quando uma pessoa nos engana com um sorriso ou por um gesto habilmente preparado, nunca é possível mudar seu rosto e nem a expressão viva de seu semblante.

34. A escola interna da Maçonaria tinha, em tempos

remotos, o estudo da fisionomia como ciência objetiva, baseada na comparação sistemática das leis de correspondência psicofísica e pela qual se demonstrava que determinadas formas de crânios e rostos correspondem às qualidades e tendências também determinadas. Por tal motivo se dizia: *os mestres não se enganam*, porque lhes era suficiente olhar para o semblante do neófito para saber se merecia ser iniciado ou não, e se seria fiel aos seus ensinamentos.

35. O super-homem deve analisar, por conta própria, esta ciência, que lhe brinda o conhecimento de si mesmo e dos demais, com os quais entra em contato. Essa ciência é também muito necessária para os homens de negócios, para os mestres, para os que viajam, para os que estão obrigados a lidar com pessoas as mais diversas. Também é de imponderável utilidade no terreno familiar: para a educação dos filhos, para evitar desavenças entre parentes e amigos, para não nos vermos espoliados ao confiar em mestres imorais, ou em servidores perversos. Nos filhos podemos descobrir suas principais faculdades para não obrigá-los a estudar medicina se eles têm aptidões para ser engenheiros ou lavradores.

36. Vários são os ramos das ciências caracterológicas, tais como a grafologia, a quirologia e a astrologia científicas (não as adivinhatórias). Todas essas ciências se derivam daquela lacônica inscrição: *homem, conhece-te a ti mesmo*.

37. Os traços da fisionomia, a conformação do crânio, a estrutura do corpo em geral, a forma das mãos, a voz, as expressões e os ademais possuem uma eloquência de vinculação direta com o *ser interno* que manifesta suas reações possíveis ante os impactos do mundo externo.

38. O resumo de todas as filosofias e religiões consiste na análise dos três modos de ação psíquica do indivíduo, os quais são definidos como atributos de consciência, como forças expressivas inerentes à mesma. Estes três atributos são:

SENTIMENTO
PENSAMENTO
AÇÃO (OU VONTADE)

Esses três atributos no aspecto físico do ser humano o fazem analisável por nossos meios de percepção corrente: os sentidos (ler nossas obras *A religião dos sábios* e o *Grânulo da Vida*).

O sentimento equivale a uma ação centrípeta; marcha na ordem "de fora para dentro". O pensamento equivale a uma ação centrífuga — projeta-se "de dentro para fora". Por isso, sentimos para perceber no interno de nossa consciência, mas enquanto pensamos expressamos nossos conteúdos de consciência no mundo.

39. A *vontade* ou a ação da vontade representa o poder realizador que se esforça por expressar-se em ações, subordinando os fatos e as coisas da vida a nossos desígnios.

Como temos explicado em nossa obra *A religião dos Sábios*, afirmamos que o objetivo do universo é o progresso indefinido; o homem como é parte deste universo, deve contribuir nesse progresso. Esta é a "Escola da Vida" que nos ensina que por meio do instinto (o sentir) conservamos a vida e por meio da consciência (pensamento), com o predomínio do *eu* individual nela, caminhamos para o progresso por meio da ação até chegar à *super-consciência* ou *super-eu*. Em resumidas palavras: *a luta do eu na escola da vida consiste em transmutar as tendências cegas do instinto em forças conscientes dirigidas para a expressão e predomínio do super-eu, ou super-homem.*

40. A caracterologia é a ciência que nos explica nosso grau de progresso na escola da vida, e assim vemos que quando admiramos os próceres e artistas, heróis em nossa vida, é porque estes seres evidenciaram em sua atuação um grau definido de predomínio do *super-eu*, contraposto ao egoísmo do Eu inferior, ou instinto animal.

41. Exposto o que foi dito, podemos agora dizer que todo ser humano tem um temperamento e caráter diferentes. Temperamento vem do latim, *temperamentum* e significa mistura de diversas qualidades que integram um corpo composto, em outras palavras: tudo o que é típico que acompanha o homem desde seu nascimento. Logo, considerar o temperamento de uma pessoa é buscar o que é próprio de si. Agora surge uma pergunta: por que nasce o homem com tal ou qual temperamento? Até o momento a ciência e as religiões continuam se debatendo sobre a verdade e cada uma dá uma explicação diametralmente oposta uma da outra. Nós não podemos responder nada nos graus inferiores da Maçonaria, porém, em graus superiores estamos obrigados a levantar o véu de Ísis. Por ora seguiremos com o *conhece-te a ti mesmo*, até chegar a ter um grau de *autoconhecimento*, e tudo se esclarecerá.

42. Os antigos sábios, como Hipócrates e outros, estabeleceram quatro temperamentos básicos que se resumem nas qualidades psíquicas de cada ser. São eles:

SANGUÍNEO — que corresponde à *terra*.
FLEUMÁTICO (ou linfático) — que corresponde à *água*.
COLÉRICO (ou bilioso) — que corresponde ao *fogo*.
MELANCÓLICO (ou nervoso) — que corresponde ao *ar*.

43. Esta distinção é simbólica e significa: o *sanguíneo* é o mais concreto e material (é físico-terra); o *fleumático* é o apático e indiferente (é passivo-água); o *colérico* é o vivaz e animoso (é ativo fogo); o *melancólico* é o volúvel e o inconstante (é variável).

Pois bem, depois de enumerar os quatro temperamentos básicos, devemos aceitar os tipos intermediários que são os tipos mistos que têm qualidades procedentes de dois temperamentos. Porém, antes de chegarmos ao estudo destes últimos, devemos estudar as principais características distintivas, físicas e psicológicas de cada temperamento.

44. SANGUÍNEO, VOLUNTARIOSO

Marcha: passo comprido e algo lento.
Cor: morena ou morena clara.
Perfil: nariz convexo, terminação redonda.
Barba: proeminente.
Lábios: finos, apertados e retos.
Mão: dura e fria.
Dedos: grossos e compridos, lisos e algo nodosos.
Extremidade dos dedos: quadrados ou cônicos.
Linhas da mão: finas, profundas e numerosas.
Caráter geral: reto, firme e uniforme.
Escrita: pontiaguda e firme.
Corte da letra "T": curto, reto, bem centrado e muito firme.
Letras "M" e "N": pontiagudas.
Hieróglifo: homem.

45. LINFÁTICO, INSTINTIVO OU TRANQUILO

Marcha: passo curto e lento.
Cor do rosto e das mãos: branca.
Perfil do nariz: côncavo, terminação arredondada.
Lábios: grossos, brancos e frouxos.
Barba: comprida.
Mão: branca e úmida.

Dedos: grossos, curtos e nodosos.
Extremidades dos dedos: espatulados ou quadrados.
Linhas das mãos: largas, brancas e pouco numerosas.
Caráter geral: suave.
Formas das letras "O" e "E": redondas e firmes.
Formas da letra "T": sem travessão ou de forma indecisa.
Formas das letras "N" e "M": redondas e muito bem acabadas.
Hieróglifo: boi.

46. ATIVO, ANÍMICO, NERVOSO

Marcha: passo comprido e rápido.
Cor: rosada, vermelha.
Nariz: convexo, pontiagudo.
Lábios: grossos, vermelhos, firmes.
Queixo: quase quadrado.
Mão: firme e quente.
Dedos: delgados, curtos e nodosos.
Extremidades dos dedos: quadrados.
Linhas das mãos: vermelhas, profundas e pouco numerosas.
Caráter geral: vacilante, formando zigue-zague.
Escrita das letras "O", "E" e "A": redondas e abertas.
Cortes do "T": travessão ascendente.
Formas do "N" e "M": redondas e malfeitas.
Hieróglifo: leão.

47. PESSIMISTA, MELANCÓLICO E INTELECTUAL

Marcha: passo curto e rápido.
Cor do rosto e das mãos: amarelados.
Perfil do nariz: convexo e pontiagudo.
Lábios: finos, apertados e caídos.
Queixo: reentrante e pontiagudo.
Mãos: ossudas e secas.
Dedos: delgados e largos.
Extremidades dos dedos: pontiagudos e cônicos.
Escrita: pontiaguda e inclinada.
Formas do "O" e do "A": abertas, quase sempre pontiagudas.
Forma do "T": quase descendente e baixo.
Forma do "M" e "N": pontiaguda.
Hieróglifo: águia.

48. TIPOS INTERMEDIÁRIOS

Instintivo ou tranquilo
Cor: branca.
Perfil do nariz: côncavo com terminação redonda.
Mão: branda e úmida.
Linhas da mão: poucas e largas.
Escrita: redonda e flexível.
Formas do "O", "E" e "A": bem marcado, o "A" aberto.
Hieróglifo: porco.

Tranquilo anímico-sensual (gosto)
Cor: vermelha sobre fundo branco.
Perfil: cabeça larga, pescoço curto.
Nariz: largo, de cor vermelha; sua feição é caída e suas linhas são côncavas.
Mão: branda e úmida.
Linhas da mão: a do coração é grossa, a do destino ou da fatalidade é partida em vários pedaços, porém bem assinalada. Monte de Vênus sulcado em raios e bem desenvolvido.
Escrita: traços quase sempre cheios; quase sempre faltam os perfis; escrita de criança ou de homem do povo.
Formas de "A" e "O": abertos.
Hieróglifo: porco.

Tranquilo de vontade sossegada
Cor: escura sobre fundo branco.
Perfil: cabeça larga e quadrada na parte superior; pescoço curto e erguido; olhar sereno, porém imperativo; existe algo de cavalete na parte média do nariz tornando-o côncavo e largo na base.
Mão: branda e seca.
Linhas da mão: linha da cabeça grossa, larga, comprida e reta. Poucas linhas acessórias. Monte de Júpiter proeminente como o da Lua.
Escrita: feita corretamente, cheia de perfis claramente assinalados.
Letra "T": corte fino, muito comprido e terminado em clava no extremo.

Letras "O", "E" e "A": fechadas.
Hieróglifo: cavalo.

Pessimista contemplativo
Cor: amarela sobre fundo branco.
Perfil: cabeça larga e crânio dirigido ligeiramente para trás e para cima; pescoço erguido, não muito comprido; existe um pequeno cavalete no nariz, que o torna côncavo e largo na base.
Mão: branda e seca.
Linhas da mão: linha do destino desenvolvida e limpa; Monte de Apolo marcado por várias linhas verticais.
Escrita: muito clara, porém exageradamente redonda; cada letra é feita com cuidado.
Letra "T": falta o corte, e quando o há, é uma linha muito fina e apenas marcada.
Letra "O", "E" e "A": fechadas e bem marcadas.
Hieróglifo: boi

Anímico ou ativo
Características gerais: alegre.
Cor: algo vermelha.
Perfil: nariz côncavo pontiagudo.
Mão: firme e quente.
Linhas: vermelhas e muitas, porém não profundas, salvo a Saturnina que é profunda e reta. Monte da Lua e de Marte muito desenvolvidos.
Escrita: vacilante, em forma de zigue-zague.
Letras "O" e "A": redondas e abertas.
Hieróglifo: javali.

Pessimista ativo-institivo
Cor: vermelha sobre um fundo amarelo.
Perfil: cabeça pontiaguda projetada para trás e para cima. Frente fugidia. Concavidade na parte média do nariz, que termina em bico de papagaio com narinas vermelhas.
Mão: ossuda e quente. Dedos longos e lisos.
Linhas: muitas linhas finas e vermelhas. Montes de Apolo e Vênus bem desenvolvidos. Bela linha do coração. Anel de Vênus; linha hepática colorida e muito extensa.
Escrita: pequena, pontiaguda, inclinada sem grossura e nem perfis bem assinalados; rasgos de rubrica numerosos, embora na metade das palavras. Escrita bem marcada.
Letra "T": corte acompanhado de rubrica; vê-se às vezes traçado em cima da letra, sem clava em sua terminação.
Hieróglifo: lobo.

Ativo-instintivo
Características gerais: alegre.
Cor: branca sobre fundo vermelho.
Perfil: crânio quadrado por cima; nariz inteiramente côncavo e pontiagudo.
Mão: firme e úmida.
Linhas: idem.
Escrita: apoiada, infantil, vacilante, muito legível, pouco inclinada.

Escrita do "O" e "A": muito redondas e bem formadas.
Hieróglifo: javali.

Pessimista de vontade, verdadeiro pessimista
Cor: escura sobre fundo amarelo.
Perfil: cabeça alongada e dirigida para trás. Frente bombeada. Nariz convexo e de linha fina, terminando em bico de águia.
Mão: ossuda e fria. Dedos longos e nodosos.
Linhas: muitas linhas finas e profundas, de cor escura. Montes de Saturno e Júpiter bem desenvolvidos. Monte de Vênus aplainado; o de Apolo sulcado em raios. Linha hepática perceptível; a da cabeça, formosa e fina.
Escrita: fina, muito pontiaguda, letras altas e pouco assinaladas ou apoiadas. Veem-se alguns rasgos de rubrica no final das palavras. É uma escrita original em seus detalhes, elegante e aristocrática.
Letra "T": corte terminado em clava, extenso e fino.
Hieróglifo: águia

Vontade tranquila ambicioso
Cor: branca sobre fundo escuro.
Perfil: cabeça grossa, larga, quadrada. Frente larga, branca e avultada na parte superior, projetada para cima e para diante. Nariz aquilino, côncavo na raiz, redondo e largo em seu término. Barba larga, arredondada e proeminente.
Mão: dura, grossa, úmida. Dedos curtos, grossos, nodosos e brancos.

Linhas: linha da cabeça larga e pálida. Predominam com ela os montes de Júpiter e da Lua.
Escrita: letras pequenas, redondas e bem formadas. A letra "A" é fechada. Faltam rasgos de rubricas; linhas retas, espaçadas. O conjunto é claro. Letra quase vertical.
Letra "T": cortes do "T" são firmes, uniformes.
Hieróglifo: homem de idade madura.

Vontade ativa empreendedor
Cor: vermelha sobre fundo escuro.
Perfil: cabeça algo pequena e pontiaguda. Frente larga, corada e bombeada para cima e para baixo. Nariz aquilino, côncavo em sua metade, estreito na base e redondo no seu término. Barba estreita, aguda e proeminente.
Mão: dura, grossa e quente; dedos curtos, nodosos e corados.
Linhas: linha do coração comprida e corada; a linha da cabeça é profunda. Predominam os Montes de Júpiter e Mercúrio. O de Marte está sulcado de linhas.
Escrita: letras grandes, elípticas, apressadas. A letra "A" aparece aberta; linhas retas com espaços desiguais. Letras inclinadas e apoiadas ou traçadas.
Letra "T": tem cortes ascendentes, começando por um gancho e terminando em clava, com frequência.
Hieróglifo: criança ou macaco.

Vontade pessimista, caráter orgulhoso
Cor: amarela sobre fundo escuro.
Perfil: cabeça larga e frente dirigida para cima, avultada, sem convexidade; nariz inteiramente convexo com perfil grosso e terminando no extremo redondo. Barba redonda e proeminente.
Mão: dura e fria; dedos longos e nodosos.
Linhas: linha de Apolo bem assinalada; a linha da cabeça é escura, fina e reta. Predominam os Montes de Júpiter e Apolo.
Escrita: letras grandes, elípticas e de estrutura original. A letra "A" é fechada; linhas direitas, mas de espaço desigual. O conjunto indica vaidade e presunção. Alongada e de pouca inclinação. Numerosos rasgos de rubrica.
Letra "T": corte do "T" reto, descendente e às vezes só terminado em ponta. Aparecem ganchos com frequência e sempre existem rasgos de originalidade.
Hieróglifo: velho, Saturno.

49. Como acabamos de ver, cada uma destas espécies de homem tem escrito na face o sinal dos impulsos animais que lhe movem e dominam. *O iniciado deve aprender primeiramente a tirar a máscara do rosto humano* que oculta estas bestialidades latentes no fundo das almas para poder vencer os próprios impulsos e triunfar sobre todos os demais.

O rosto, a cor, o modo de andar, a escrita, os gestos, a voz, podem servir para estabelecer rapidamente o diagnóstico do ser moral.

Os quatro temperamentos, as quatro formas da esfinge, os quatro elementos da natureza etc., respondem aos dados de Platão aplicados à constituição do homem.

O instintivo, o anímico e o intelectual se resumem no ser impulsivo. Enquanto que o resumo de todos está no ser voluntário.

50. Em toda pessoa na qual domina o *ser instintivo* resultará um temperamento calmo e tranquilo, cujas ações são lentas e resistentes, como interpreta o seu hieróglifo — *o boi*, e revelará, à vista do observador pela brancura de sua pele, a brandura de sua carne, a lentidão de seus gestos, de sua voz e de sua marcha.

O *ser anímico* tem violências de caráter e reflete perfeitamente a imagem moral de seu hieroglífico, o *leão*, que lhe arrasta em todo o momento. Pode ser reconhecido por sua cor encarnada, a dureza de suas carnes, a viveza de sua marcha e de seus gestos e a rapidez de suas palavras.

O ser intelectual assemelha-se ao pássaro com uma mescla de impressionabilidade excessiva e rápida faculdade de assimilação. O tom amarelo é a base da cor, e os gestos resultam rápidos e bruscos; o próprio pio na voz; as mulheres são as que mais resumem este temperamento. Todo ser de vontade é dominado pela ambição; distingue-se por sua pele morena, olhar de expressão profunda e por uma amplitude de seus passos e de seus gestos.

51. RESUMO

1º O tom branco ou amarelo muito claro (quase branco) indica um caráter fleumático e tranquilo, isto é, um *instintivo*.
2º A cor vermelha assinala um caráter anímico, ativo e apaixonado.
3º O tom amarelo denota um temperamento melancólico e pessimista: um *intelectual*.
4º A cor preta ou a morena indica contrariamente, um ser de vontade (ou de capricho, se é ignorante).

52. Pois bem, agora devemos saber que o homem não está constituído por um só elemento, e sim, por vários. Por exemplo: o ser pacífico pode, em efeito, manifestar-se como um sensual, como um reflexivo ou calmo, segundo os elementos que se reúnem nele ou em seu corpo da alma.

O fleumático, cujo hieróglifo é o boi, se se deixa arrastar pelas paixões baixas, converte-se em porco, enquanto que em sentido inverso, modifica-se em cavalo, em lugar de boi. O mesmo pode ocorrer com respeito aos tipos *ativo, intelectual* e *voluntário*.

53. Por não podermos detalhar mais, pelo momento, vamos entrar na prática que nos conduz à maestria e se deverá proceder da seguinte forma:

1º De longe observar o modo de andar, rápido ou lento, da pessoa, a dimensão de seu passo, que pode ser comprido ou curto;

2º Observar a cor da pele;
3º Estudar o perfil e sobretudo o nariz; os rasgos côncavos dos intuitivos e dos anímicos, enquanto que os convexos pertencem aos intelectuais e aos de vontade;
4º Estudar em seguida a boca, a barba e os olhos para corrigir oportunamente os erros do diagnóstico que possa ter cometido;
5º Se for possível, estudar a mão, seu tato, sua cor e suas linhas; assim será mais seguro do diagnóstico;
6º A *escrita* do indivíduo é uma prova eficiente de seu *caráter.*

54. O controle de qualquer homem depende das seguintes observações: *no exagero do centro dominante de seu ser impulsivo.*

1º O exagero do centro instintivo determina a preguiça, a glutonaria e a inércia. Para dominar *o instintivo* devem-se satisfazer sua glutonaria, sua preguiça e proporcionar-lhe calma no meio em que vive.
2º Para dominar o *anímico* deve-se proporcionar-lhe novas empresas a realizar, novos obstáculos para triunfar, encolerizá-lo de vez em quando, e sobretudo, adulá-la mais e mais.
3º Para o *intelectual* deve-se despertar-lhe os zelos e a inveja. O despeito do intelectual lhe faz cometer muitos erros.
4º Ao feroz *voluntário*, ao adivinhar suas ambições e atacá-lo por meio do exagero de seu grande e colossal

orgulho, deve-se aceitar seu despotismo e dirigir sua vaidade. Então se converterá em uma criança que crê dominar, sendo ele um instrumento de realização.

A mulher possui instintivamente essa ciência, sem necessidade de estudar suas regras. A mulher aproveita-se de sua passividade aparente para penetrar na natureza íntima do homem sobre o qual deseja influir e, assim, muitas vezes o amor desaparece, mas o costume ocupa seu lugar, e a grande mágica realiza seu intento.

55. Se o *iniciado* quer dominar o boi, deve converter-se em sua erva; se quer desarmá-lo e contê-lo deve empregar o ferrão.

Dominar o *leão* se faz por meio da carícia, ou se deve converter em domador.

Ao pássaro deve-se fasciná-lo ou encerrá-lo na jaula da imaginação intelectual vagabunda.

O orgulhoso é dominado pelo método da mulher: delicadeza e suavidade; pois assim, ele cai de joelhos.

5. Constituição do homem

56. O homem é um ser demasiadamente complexo, porém sua constituição é muito importante e muito clara para a compreensão exata do iniciado maçom. Devemos tratar do assunto com toda clareza para compreender e em seguida afirmar que o homem é o resumo do universo, isto é, que nele se encontram todos os mistérios do universo; por isso foi chamado "o pequeno mundo — *microcosmos*, ou *pequeno universo*".

Pode-se determinar a constituição do universo pelo estudo do homem, o que é mais fácil do que determinar a constituição do homem pelo estudo do universo. Um trabalho completo sobre a constituição do homem nos exige vários volumes, porém, aqui devemos resumi-lo em poucas páginas.

57. O homem compõe-se dos três elementos seguintes:

1º Uma vestimenta de carne composta de terra e dos produtos transformados da terra.
É o corpo físico
A Terra em nós.

2º Um princípio de vida fixo no corpo carnal, da força superior universal que circula nos astros e no mundo astral.
É a vida no corpo astral da alma
A alma universal em nós. Os astros em nós.
3º Um princípio mental formado pela chispa divina fixada em nós, emanada diretamente de Deus.
É a mente

Esses são os três elementos que constituem este pequeno mundo chamado homem, com suas duas polaridades: masculina e feminina, ou direita e esquerda, da humanidade.

58. No indivíduo, a direita não é superior nem inferior à esquerda; ela é polarizada, é complementária.

Na humanidade, a mulher não é superior nem inferior ao homem; ela é o polo passivo e complementário do homem; é a esquerda da humanidade.

59. O corpo físico está representado pelo ventre e pela digestão.

O astral está representado pelo tórax que aspira os raios solares com o alento divino.

O mental está representado pela cabeça, pelas ideias e pensamentos.

Outras tradições dizem: corpo físico, corpo astral e corpo mental.

60. Na vida ou no corpo astral: o astral é o corpo da alma e tem duas vibrações de vida: uma orgânica, distribuída pelo nervo grande simpático e suas vibrações são densas; a outra é inconsciente (outros a chamam subconsciente ou astral superior) porque tem uma vida com um princípio intelectual, isto é, com funções cérebro espinhais.

61. No mental: o corpo mental é o suporte. É o corpo do espírito, manifesta-se:

1º No corpo físico, pelo instinto e a sensação;
2º No corpo da alma, pelos sentimentos e a intuição;
3º Em seu plano, como corpo do *eu* (chispa divina) manifesta-se como consciência universal individualizada no ser humano e manifestada pela superconsciência.

62. Estes três elementos ou princípios que constituem o homem podem ser analisados em sete elementos, em nove, em dez e em 21 ou mais, se o estudante compreende o mistérios dos números.

63. Para chegar à compreensão perfeita, podemos traçar um quadro que concorda com todas as escolas e religiões antigas e modernas.

OS TRÊS PRINCÍPIOS DO HOMEM

Ocultismo atual	Corpo	Alma	Espírito
Contemporâneo	Corpo físico	Corpo astral	Espírito
Hermetismo	Corpo	Mediador plástico	Espírito
Rosa-Cruz	Corpo	Alma vida	Espírito imortal
Espiritista	Corpo	Perispírito	Espírito
Antigo egípcio	Khat	Ka e kou	Bai
Cabala	Nephesch	Rouasch	Neschamah
Pitagorismo	Carne	Sombra ou manes	Espírito
Paracelso	Corpo elementário	Homem astral	Alma imortal
Hindu	Rupa	Kama rupa ou linga sharira	Atma
Chineses	Xuong	Khi	Wun
S. Paulo	Corpus	Anima	Spiritus

64. Devemos, porém, compreender que, pela sutileza e pelas vibrações do espírito e pela densidade das vibrações do corpo físico, a providência formou certos planos intermediários entre os três princípios para que os três possam formar a unidade do homem, porque, sem estes princípios intermediários, resulta impossível que o espírito possa conectar-se com a matéria densa do corpo físico. Logo, a trindade do homem tem que manifestar-se por meio de vários e diferentes veículos, sendo o corpo a forma mais densa e inferior de sua manifestação.

65. Logo, o homem se manifesta por meio de sete princípios, que são conhecidos pela doutrina secreta, porém, variam de nomes segundo cada escola. Nós temos que simplificar e evitar confusão por causa dos termos especiais ou falta de observação.

ESTES SETE PRINCÍPIOS SÃO:

7. Espírito — mundo do espírito divino
6. Mente espiritual — espírito da vida
5. Intelecto — espírito humano
4. Mente instintiva — mente (abstrata e concreta)
3. Alento divino ou força vital (prana) — alma, vida
2. Corpo astral — corpo de desejo
1. Corpo físico — corpo material

Pode-se ainda simplificar mais:

EU SOU — (Deus, chispa, divina, ego, mônada etc.).
ESPÍRITO — (Deus em manifestação).
ALMA — (vida, sopro divino, anima etc.).
SUPERCONSCIÊNCIA — (onisciência divina que age sem pensar. É o corpo do espírito divino).
CONSCIÊNCIA — (intelecto, mente objetiva, mente consciente).
SUBCONSCIÊNCIA — (instinto, corpo de desejos, corpo astral da alma em desenvolvimento).
CORPO FÍSICO (o material, o templo do Deus vivo).

Como vimos, é muito difícil conseguirmos empregar uma só nomenclatura para a filosofia espiritual, e por isso, encontramos confusão nas escolas.

66. Enumeramos os sete princípios para conhecer as correntes de todas as escolas, porém, o que nos importa no momento é a *trindade do homem*, isto é, *o espírito, a alma e o corpo*. Estes princípios se unem em uma só palavra que nos é necessária e suficiente: esta palavra é *união*. Uma vez compreendida a trindade do homem, podemos então repetir com Claude de Saint-Martin que sempre se deve explicar a natureza pelo homem e não o homem pela natureza.

67. O corpo físico que é um dos três corpos inferiores que assassinaram o mestre Hiram Abif (ao EU SOU *inefável*), é o outro EU, o mais inferior da escala de manifestação de Deus no homem. Entretanto, é o instrumento mais adequado da manifestação e é um princípio muito necessário para a evolução do homem. É necessário dominá-lo e domá-lo para que se converta em *templo puro do espírito santo* e não deixá-lo jamais ser sujeito ao corpo do desejo e ao instinto para que estes não tramem o *assassinato do mestre construtor do templo e sepultem-no na carne ou matéria*. Nunca deve deixar que a matéria domine o espírito.

O corpo deveria ser sempre mantido em boas condições, são e preparado para obedecer às ordens da mente. O cuidado do corpo sob o controle da mente é um objetivo importante do *iniciado* maçom.

Nossas lições sobre a medicina universal, inseridas nos graus de uma maneira paulatina, foram e são obrigatórias para todos os iniciados de todas as escolas herméticas.

Todo maçom (para merecer este grandioso título) deve praticar sempre a medicina universal para ter sempre um corpo são como instrumento de uma *mente sã.*

Nestas lições se tem demonstrado palpavelmente por meio da ciência oficial que as células são vidas e são realmente fragmentos da mente inteligente, com um grau de conhecimento e capacidade para executar conscientemente suas obras coletivas. Seguramente, estas células do corpo físico estão subordinadas à *mente central* — entretanto, manifestam uma perfeita adaptação à sua obra particular. A seleção das células, extraindo do sangue a nutrição necessária, recusando aquilo que não é pedido, é um exemplo desta inteligência. O processo de digestão, assimilação etc., demonstra a inteligência das células, separadas ou em grupos. O processo da cicatrização das feridas, a rapidez das células em acudir aos pontos onde há maior necessidade de sua atuação e milhares de outros exemplos conhecidos do estudante maçom e ignorados até por muitos médicos, são exemplos de *vida consciente.* Cada átomo, para o super-homem, é um ser vivente independente.

Estes átomos se combinam em grupos para determinados fins, como se unem os homens para formar sociedades e nações.

Quando o corpo morre, quando o espírito de vida o abandona, as células se separam, porque a força que as mantinha unidas se retira, e assim elas ficam livres para formar novas combinações, e assim, a palavra morte, como ela é compreendida pelo vulgo, não tem nenhum significado para o *adepto*. A vida é uma transformação contínua e eterna, a morte é o prelúdio de uma nova construção de vida.

Não dedicaremos espaço maior para o estudo do corpo físico porque as instruções dadas para as práticas da medicina universal contêm o necessário e suficiente para a compreensão e o conhecimento de todo o aspirante a super-homem.

68. No grau de mestre perfeito foram dadas as três lições preliminares para atender ao corpo físico e mantê-lo forte e saudável. Agora, daremos mais outra instrução, dedicada ao estudo dos alimentos do mesmo corpo e trataremos do estudo dos corpos da alma e do espírito.

6. O que deve saber o preboste e juiz

69. Alimento é toda substância nutritiva que, uma vez introduzida no tubo digestivo, é assimilada por meio do sangue, pelos tecidos orgânicos, compensando assim os desgastes do corpo.

Há alimentos sólidos, como pão, carne, verdura etc., e outros líquidos, como água, leite, sucos etc.

A condição indispensável do alimento é proporcionar ao organismo matéria e energia gastas e perdidas durante cada dia, a fim de manter o calor e a atividade do corpo.

Há alimentos plásticos, como carne, pescados etc.; estes proporcionam mais matéria que energia, e há alimentos de combustão, como frutas, verduras, féculas, açúcar, leite etc., que produzem calor, força, e facilitam a respiração, são chamados alimentos respiratórios.

Assim é que os alimentos plásticos, também chamados albuminoides, proteicos ou nitrogenados dão mais matéria que energia, enquanto que os alimentos de combustão, chamados respiratórios, hidrocarburados ou hidrocarburetos proporcionam mais energia que matéria.

(Para os obesos estas instruções são muito úteis: pode-se reduzir a gordura por meio da alimentação escolhendo os alimentos hidrocarbonados).

70. A água e os sais minerais chamam-se alimentos universais e estão contidos nos diversos alimentos.

O leite é o único alimento completo para a nutrição. Todos os demais alimentos têm de ser combinados.

Para bem viver é necessário bem comer, escolhendo a qualidade e a quantidade de alimentos que constituirão essa comida.

A carne não é necessária para a vida, ou ao menos, dela se pode prescindir em várias épocas, porque como alimento não nutre nem alimenta mais que qualquer outro. Não se pode negar que ela repara perdas e desgastes dos tecidos, porém em geral causa muitas enfermidades, tais como a gota, reumatismo, artrite, diabetes, albuminúria e cólicas de fígado e rins.

Porém aqueles que estão sugestionados pela carne não devem abandoná-la, e sim, ser bastante moderados em seu uso até chegar a compreender e sentir a verdade, e então o próprio corpo recusará a carne como alimento.

Nem mesmo os pescados, moluscos, crustáceos, (lagostas, lagostins, camarões etc.) são vantajosos à saúde.

71. O regime vegetariano é o constituído por alimentos vegetais combinados com aqueles que procedem de animais vivos, como o leite e seus derivados: queijo, manteiga etc.

Tudo que nos dá a Mãe-Natureza é bom, como cereais, legumes, verduras, raízes, frutas e sementes.

Também é bom o que procede do animal vivo, como ovos, leite, nata, queijos e mel, e que se pode combinar com o regime vegetariano.

O regime vegetariano proporciona ao corpo físico todos os alimentos necessários, tanto plásticos como energéticos.

72. Regime vegetariano consta absolutamente de alimentos vegetais.

Regime misto é o constituído pela combinação de alimentos animais e vegetais.

Regime lácteo é o constituído por leite, ovos, manteiga, nata, queijos e demais laticínios.

Regime naturista é o que proporciona alimentos crus, sem necessidade de preparação culinária.

73. Aconselhamos aos carnívoros o regime misto, a princípio, com muita parcimônia no uso da carne, até chegar, com o tempo, a *não* sentir *necessidade dela*. Só assim o aspirante se converte em dono de seu apetite; ele come carne porque quer e deixa de comê-la porque não lhe faz falta, nem dela necessita. Este é o verdadeiro caminho para a alimentação sadia. A saúde do corpo forja-se nas oficinas do estômago, diz um aforismo. Nós podemos dizer: no estômago fabricam-se todas as enfermidades também.

O objetivo do comer e do regime é proporcionar ao corpo aquilo de que necessita para reparar as perdas da matéria e manter a energia.

Ingerir muitos alimentos de muita substância em nada beneficia o corpo, porque o corpo apenas absorve o que necessita, e o excedente ele elimina, mesmo que contenha matéria nutritiva.

Comer muito causa dilatação do estômago e obriga o aparelho digestivo a trabalhar demasiado e inutilmente. A lei é: *comer para viver e não viver para comer.*

74. Todo alimento deve produzir caloria no organismo. Caloria é o calor necessário para elevar em um grau centígrado a temperatura de um litro de água destilada: uma caloria é o calor necessário que produz um alimento que se queima no corpo. Somente se queimam e, portanto, produzem calor as albuminas, as gorduras e os hidrocarbonados. Um quilograma de albumina produz 4 000 calorias. Um quilograma de gordura, 9 000; um quilograma de hidratos de carbono, 4 000.

Um adulto, sem trabalho forçado, absorve em 24 horas, 2 500 calorias. Se trabalha sem cansar-se, 3 000 calorias, e se trabalha cansando-se, 5 000.

Em 24 horas o adulto irradia 1500 calorias; 82% do calor elimina-se pela pele, 15% se consome ao exalar o alento da respiração e 2% pelo tubo digestivo.

Relativamente ao peso, um adulto perde a cada 24 horas, vinte gramas de nitrogênio (substâncias albuminoides), e trezentos gramas de carbono. Assim é que pela ração alimentar deve recuperar a perda destas quantidades e manter um excesso para depósito ou reserva, quer dizer, cada refeição deve conter esta quantidade de calorias.

O estômago, instintivamente, perde aquilo de que necessita e quando recebe suficiente quantidade de alimentos, avisa. *A gula, porém, não tem ouvidos*! Então cada ração diária deve conter 120 gramas de albumina, 330 gramas de gordura e 90 gramas de hidrocarbonos.

75. INSTRUÇÕES IMPORTANTES

O homem, segundo as leis sociais e religiosas, está obrigado a descansar um dia em cada semana, para reparar a energia perdida pelo trabalho durante os seis dias. Muito bem. *Não terá o estômago, o mesmo direito de descansar um dia por semana*? Meditemos nesta pergunta.

É urgente e necessário *jejuar* um dia por semana para dar ao estômago tempo suficiente para eliminar seus resíduos e purificar-se como se purificam os fiéis antes de assistir em seus templos!

Aqueles que estão sugestionados pelo muito comer e creem que podem morrer de fome pelo jejum de um dia, podem tomar durante o dia muitos sucos de frutas e água.

Durante o jejum devem ingerir muita água, pelo menos.

A segunda indicação é a *lavagem intestinal.*

Nossa vida sedentária não nos ajuda a expelir todos os detritos dos intestinos e por esse motivo o homem deve ajudar a sua natureza com uma lavagem intestinal *por semana.*

A lavagem consiste em introduzir no intestino grosso dois litros de água morna. Retê-los, se possível, 10 minutos, ajudando ao intestino grosso, estando deitado de costas e fazendo massagens que começam desde o lado direito do baixo-ventre seguindo até o nível do umbigo e ao lado esquerdo.

Nunca se podem enumerar suficientemente os benefícios destas lavagens!

Muitas enfermidades intestinais cederam a estes tratamentos, e centenas de doenças orgânicas se curaram por este simples método.

NOTA — Em caso de apendicite não se deve ministrar a lavagem, o mesmo acontecendo com a febre tifoide. Nas demais enfermidades é até imprescindível.

7. A medicina universal

O CORPO DA ALMA E SEU ALIMENTO

76. O ar é o único alimento do corpo da alma. Cada aspirante deve estudar, analisar e conhecer este alimento de efeitos valiosos para melhor aproveitá-lo.

O ar é mistura de cinco gases chamados pelos químicos: oxigênio, nitrogênio, azoto, vapor de água e anidrido carbônico. Tem também outro elemento muito mais importante chamado energia vital ou alento da vida, o qual não pode ser medido nem captado por qualquer instrumento; a ciência presume sua existência, porém não a afirma.

O oxigênio, de todos os gases conhecidos, é o único útil à ciência para a respiração porque, ao combinar-se com a hemoglobina (substância contida nos glóbulos vermelhos do sangue), converte-a de venosa, impura, em sangue arterial, limpo.

Os demais gases servem somente para atenuar a ação do oxigênio, que é capaz de queimar o sangue sem a neutralização destes gases. Quando se recorre ao oxigênio puro para que os moribundos respirem, é para aliviar-lhes a asfixia e prolongar-lhes em algumas horas a vida.

O vapor de água está no ar e também é expelido com o ar pelas vias respiratórias.

O anidrido carbônico é uma combinação de uma parte de carbono e duas partes de oxigênio.

Os resíduos do sangue venoso são como o carvão de uma chaminé; o oxigênio é o fogo que queima o carvão, e ao combinar-se com ele, produz o anidrido carbônico.

77. O ar puro é o único saudável e conveniente para a respiração, porque contém pequena quantidade de anidrido carbônico. O ar viciado contém muito menos proporção de oxigênio e muito mais de anidrido carbônico, que o ar puro.

O único gás que se consome na respiração é o oxigênio, porque os demais gases não sofrem alteração alguma. Portanto deve renovar-se o ar em todos os aposentos e locais para se obter oxigênio suficiente, sobretudo em lugares onde se reúnem muitas pessoas à luz de gás, de velas, de petróleo, porque a respiração das pessoas e a combustão das luzes diminuem paulatinamente a proporção de oxigênio.

Deve-se respirar ao ar livre, ventilar os aposentos continuamente. A purificação do ar é indispensável à saúde.

De muito pouco valerão as regras e conselhos dados ao se tratar da alimentação sem o devido cuidado com o alimento do sangue, por meio da respiração.

As poucas regras que damos são simples:

a) Não empregar calefação (aquecimento) doméstica que absorva o oxigênio do aposento, como estufa de gás, petróleo, carvão etc. A eletricidade é a mais indicada no caso de frio demasiado.

b) Não permitir estufas de aquecimento, de espécie alguma, nos dormitórios.

c) Não deixar flores nem plantas à noite nos quartos de dormir, porque o vegetal consome oxigênio e exala anidrido carbônico.

d) Deixar uma janela ou porta aberta, sem corrente de ar, a fim de renovar por meio dela o ar nos dormitórios.

78. Acredita-se vulgarmente que ao respirar o ar, aspiramos por meio das narinas ou boca; isso, porém, não é respiração. O certo é que, quando se contraem os músculos das costelas e o diafragma, a caixa torácica se dilata e o ar penetra por sua própria pressão e sem que o absorvamos ou aspiremos.

Por isto se chama *inspiração* o ato de penetrar o ar até os pulmões. Esta dilatação e contração do tórax processam-se automaticamente, sem que o indivíduo ou animal tenha a preocupação de respirar.

Chama essa respiração de ordinária; num indivíduo são e robusto, entram, ao respirar, 470 cm cúbicos de ar em cada respiração. Enquanto que, pela interferência da vontade do indivíduo no movimento respiratório, a ação muscular das costelas e a do diafragma é muito maior e penetram pelas vias respiratórias mais de 1 880 cm cúbicos, equivalentes a cerca de dois litros. Chama-se a esta respiração, *completa, plena* ou *profunda.*

Na respiração comum ficam nos pulmões muitos detritos ou resíduos, enquanto que pela respiração perfeita é expelido um litro e meio de ar viciado.

Sem dúvida, por mais esforço que se empregue, não é possível esvaziar completamente os pulmões do ar viciado, pois sempre fica neles outro tanto do que se expulsou, motivo pelo qual, com o tempo, o homem perde a energia de seu sangue e envelhece, como veremos em futuros trabalhos.

A eficiência da respiração durante o sono depende de várias circunstâncias:

a) Não dormir com a boca aberta. Há necessidade de corrigir a criança que tem esse defeito.

b) Não comer muito à noite; passear ou fazer algum exercício depois da refeição, para não dormir após a mesma.

c) Deixar a janela aberta para que se renove o ar no dormitório.

Não se deve respirar pela boca, porque o ar não se filtra nem se aquece como acontece com o que entra pelas narinas, que são os filtros do ar; além disso, muitos micróbios e até mesmo insetos penetram pela boca.

Se o estômago está cheio à noite, comprimirá o diafragma e a respiração tornar-se-á fatigante. Muitos médicos aconselham dormir do lado direito, e com razão; porém cremos que o ar penetra pela narina durante o sono, o que é necessário para a energia vital do homem, porém essa narina não se abre senão quando o indivíduo dorme do lado esquerdo. Adiante veremos por que é assim.

Em climas frios não é possível abrir as janelas, porém se recomenda a ventilação sempre do aposento, tanto quanto possível.

79. Pela manhã, ao despertar, antes de levantar da cama, é conveniente estender-se em decúbito dorsal.

Praticar a respiração vigorizadora ou equilibradora, a qual consiste em respirar cada vez por uma narina, como foi indicado anteriormente. Em seguida relaxar todos os músculos e nesta posição respirar completamente sete vezes o ar puro da manhã. É a respiração matinal que equivale a um banho de ar completo ou a uma ablução aérea das vias respiratórias.

80. Calcula-se que em condições normais passam pelos pulmões de uma pessoa de estatura mediana uns 400 litros de ar por hora; aproximadamente 10 mil litros por dia, purificando dois litros de sangue em cada inspiração, ou seja, 1 900 litros por hora, aproximadamente 46 mil por dia, cerca de 16 milhões por ano. Isso nos demonstra a necessidade da respiração e inspiração completas e plenas, para alimentar nosso sangue e eliminar o que é nocivo de nosso organismo. Cada idade tem uma frequência respiratória distinta:

De 1 a 5 anos respira-se umas 26 vezes por minuto.
De 1 a 10 anos, umas 22.
De 20 a 25, umas 18.
Passada esta idade, estabelece-se o ritmo de 18 por minuto.

81. Existe uma outra respiração, regida por leis distintas, a respiração da pele ou celular, mediante a qual os diversos órgãos compensam independentemente a energia que perdem nos esforços locais que realizam; tão importante ela é, que não seria possível sustentar a vida durante muito tempo se se recobrisse com substância impermeável toda a pele.

Cada órgão tem um ritmo respiratório próprio, aspirando ou expirando segundo necessidades momentâneas e assimilando ou desprendendo-se dos elementos úteis ou prejudiciais, e assim vemos que enquanto há regiões que exudam e transpiram com abundância, em outras se observa relativo repouso em face de causas morais, como quando o ânimo está abatido por qualquer temor, ansiedade ou angústia.

Em traços ligeiros tomamos conhecimento das duas espécies de respiração através das quais os duzentos quintilhões de células que nos compõem realizam seus dois movimentos — de progressão e regressão.

Em lições futuras estudaremos a maneira como devemos ajudá-las e aproveitar seu trabalho.

INSTRUÇÕES:

Praticar as instruções do parágrafo 5 desta lição, com as instruções anteriores.

8. O corpo mental e a medicina universal

82. Existem perturbações, desordens e desequilíbrios mentais que atingem o homem, como diz o adágio: "De médico, poeta e louco, todos nós temos um pouco". Estas perturbações mentais têm, quase sempre, por causa a deficiência na alimentação e a respiração defeituosa e incompleta.

O cérebro é órgão da mente e a mente é o corpo do espírito; portanto, se o cérebro é regado por um sangue impuro, fraco e demasiadamente espesso, ou se carece dos princípios nutritivos, a irrigação do cérebro se fará em péssimas condições, tal como se regássemos uma planta com água suja ou destilada.

83. Da nutrição insuficiente e respiração incompleta, provêm a pobreza do sangue e daí a anemia cerebral em casos graves ou, em casos menos graves, os desequilíbrios mentais com alucinações, vertigens, desmaios, obsessões, manias e amnésias. Dizer a si mesmo: "Estou são, estou bom, tenho força etc.", e outras tantas sugestões, será o engano e ilusão em vez de sugestão eficaz, se previamente não se tenham regularizado as funções do corpo por meio de regime apropriado e de respiração perfeita e completa.

84. O regime mental tem de acompanhar forçosamente o regime alimentício e respiratório a fim de multiplicar sua eficácia. A mente tem de acreditar no bom resultado do regime higiênico, esperar a melhora progressiva da saúde e não ter medo de piorar se não estamos quebrando as leis da saúde.

85. A *fé*, a *esperança* e a *confiança* que devem acompanhar o regime mental podem expressar-se com palavras vivas, pronunciadas em voz alta em íntimo solilóquio, como por exemplo:

"*Jorge* ou *José* (nome próprio do indivíduo): tu estás recobrando tua saúde por meio de alimentação pura, sã e eficiente, pela respiração equilibradora, completa e depuradora e por meio da medicina universal. *Eu sou a fonte da saúde no corpo*, e de agora em diante não quebrantarei nunca mais as leis naturais. Eu sou a fonte da felicidade, da harmonia e do progresso."

Dessa maneira as emoções serão mais harmoniosas, prazenteiras e suas vibrações influirão harmoniosamente no corpo por meio da mente, da alma no corpo físico.

86. Os médicos da antiguidade descobriram estas relações entre a mente e o corpo físico e chamavam ao tédio, abatimento, hipocondria, retraimento, *mau humor*, ou por outra, que aquelas emoções sinistras provinham da má secreção do corpo e assim chamaram à melancolia com este nome que significa bílis negra. Estabelecidos os regimes físico e respiratório, então será fácil operar com o poder da mente sobre a matéria, e o pensamento será uma lei. Só assim pode o homem vencer as emoções sinistras como a ira, a cólera, a antipatia, a timidez, o tédio e as demais deficiências produzidas pelo mau funcionamento dos sistemas e pelas deficiências de secreções glandulares.

87. A terapêutica moral só dispõe do pensamento como a única panaceia para todas as enfermidades do espírito. Necessário se torna autossugestionar-se com a ideia contrária à das condições negativas. O fraco deve acreditar-se forte; o covarde, valente; o tímido, audaz; o melancólico, jubiloso.

Em nossos cursos *magnetismo, hipnotismo* e *sugestão*, ministraremos ensinamentos completos de como se pode ajudar e curar os enfermos que por si mesmos não o podem fazer.

Para que a autossugestão produza efeitos verdadeiros e satisfatórios, é mister perseverar na convicção de que cada um é o que anela ser, e insistir diariamente até estabelecer as condições de saúde no corpo e na mente. Cedo ou tarde, e seguindo as leis naturais, os pensamentos se manifestarão em ações. Poderá custar-nos tempo, trabalho e esforço para converter o pensamento em realidade, porém, dia chegará em que *o converteremos.*

Podemos afirmar isso porque a ciência o comprova e porque o temos comprovado várias vezes, já que até os transtornos orgânicos desapareceram pela sugestão e pelo poder da mente!

88. Muitas das enfermidades físicas têm por origem um desequilíbrio nervoso e podem curar-se por autossugestão. Mesmo a diabete é enfermidade suscetível à sugestão e ao poder mental. A autossugestão aumenta a resistência do organismo, fortifica as células ao envolvê-las com a saudável energia mental contida nos pensamentos de saúde, confiança, otimismo e alegria.

As células são seres inteligentes e vibram em harmonia com os pensamentos harmoniosos e salutares; porém se a dúvida, o receio, o temor ou o pessimismo invadem o pensamento, então se perde o efeito salutar e a doença ocupa o lugar devido à saúde.

A autossugestão não permite nunca quebrantar as leis da natureza! *O mago é aquele que obedece às leis naturais e nunca trata de violá-las.*

89. Do exposto concluímos que o homem é o único modelador do seu mundo e também modela o dos outros, por meio de seus sentimentos, pensamentos e ações. Dessa maneira nunca se deve esquecer o dever permanente de ocupar a mente, o corpo, o lar, o mundo e toda atividade *com o amor.*

Todo homem arrasta um saldo de erros através de sua longa existência no mundo; com pensamentos e lembranças contraditórias, ele criou, em seu ambiente, formas nocivas, horríveis e desagradáveis, que atuam segundo sua índole de vibrações. Para varrer da mente essas imagens nocivas, necessário se torna aplicar a *chama do amor divino* para destruí-las. *A isso se chama perdoar os pecados.*

EXERCÍCIOS DE AFIRMAÇÃO QUE SE DEVEM PRATICAR SEMPRE

a) Cada indivíduo deve purificar-se de suas próprias criações mediante o amor aos seus semelhantes. Ninguém pode se salvar sozinho, pois para salvar-se a si mesmo é necessário salvar aos demais. É esta a grande *medicina universal* que cura a maioria de todas as enfermidades mentais, psíquicas e físicas!

b) Ninguém pode fugir à lei "*de amai-vos uns aos outros*". Inúteis serão todas as tentativas das religiões e escolas sem essa lei.

c) A grande afirmativa consiste em repetir conscientemente estas frases, sempre pensando nos outros antes de pensar em si mesmo.

"*Eu e o Pai somos um, logo eu sou a presença divina, sou a chama do amor divino que purifica a substância mental, emocional e física; dissolve e consome em meus irmãos e em mim toda a imperfeição e vivifica nosso coração para amar. Eu sou a chama divina do amor que acelera as vibrações dos três corpos.*

"*Eu sou a presença divina em todo ser.*

"*Eu sou Deus em ação em todo ser*".

d) Não é necessário repetir todas estas afirmações ao mesmo tempo. Somente uma frase é suficiente para cada vez, porém terá de ser realmente experimentada.

e) Dizer EU SOU não significa o Eu inferior ou pessoa física. EU SOU é a divindade em todo ser, é o uno indivisível em sua essência. Cada ser pode repetir: *eu*

sou Deus em forma corpórea. Eu sou a presença de Deus em ação neste meu corpo e no dos demais seres.
f) Tudo quanto se necessita é sentir a plenitude da presença divina do EU SOU.
g) Um conselho: Deite-se de costas e repita esta frase, *conscientemente*, várias vezes: *eu sou eu.*
O corpo deverá estar bem relaxado. Depois de dois ou três minutos de concentração nessa frase, ou melhor, no *sentido da frase*, pode praticar esta outra: *eu sou a harmonia em meu corpo*; ou esta outra: *eu sou a luz na minha mente.*
Se você praticar este exercício conscientemente desde a primeira afirmação, sentirá a diferença entre o EU SOU Deus em forma corpórea e o EU, o corpo, que é apenas o veículo que manifesta o poder de EU SOU.

Não nos é possível dizer mais por enquanto. Queremos que você descubra, por si mesmo, a fonte da *vida,* da *saúde* e da *superação.*

9. Religião dos sábios — Cosmogonia

SEGUNDA PARTE — PERÍODO SINTÉTICO

90. *A criação segundo os livros sagrados.*

A gênese de Moisés e as cosmogêneses de outros poetas da antiguidade têm muito parentesco entre si, mas divergem da ciência e da razão.

A ciência da cosmogonia encontra-se nos descobrimentos dos sábios modernos.

91. A CRIAÇÃO SEGUNDO A CIÊNCIA.

Comprovando que o progresso é infinito, porque emana defeitos infinitos, pode-se supor que cada feito no progresso é sempre melhor que o seu anterior e que *a natureza nunca retrocede.*

Daí chega-se à *lógica do universo*, abrem-se novos caminhos para os horizontes da ciência física e da ciência moral para explorar suas rotas, desconhecidas até aos momentos atuais. E dessa maneira teremos a *ciência moral* do universo.

92. A IDADE DO UNIVERSO.

Nem os livros sagrados, nem descobrimentos da ciência têm podido dar uma ideia da idade do universo. O poder humano não alcança calcular o número de séculos transcorridos desde o primeiro trabalho da organização do universo, assim como, também, não pode calcular o número de séculos que compõem a eternidade.

Para estudar cada um dos dois elementos que formam o universo, foi necessário supor uma época, na qual esses dois elementos distintos eram separados e existiam um em frente ao outro, em estado de repouso e de imobilidade absoluta.

Positivamente, sabe-se que o espírito e a matéria são eternos.

O espírito e a matéria não podem existir sem ter uma finalidade, porque eles têm o objetivo de encher o universo desde o momento da sua existência.

Se o objetivo do espírito era a ação sobre a matéria para organizar o universo, essa ação deveria ser executada desde o momento em que existiram o espírito e a matéria.

Logo, como o espírito e a matéria têm existido eternamente, a ação do espírito sobre a matéria deu início ao primeiro trabalho da organização do universo, que era seu objetivo comum.

Logicamente, a ação do espírito sobre a matéria deve existir desde a eternidade, como existiram o espírito e a matéria.

Então, o primeiro trabalho da organização do universo era um feito primitivo; ou não seria um feito, seria um princípio subordinado à existência do espírito e da matéria.

Pode-se, então, assegurar que a primeira elaboração do universo foi uma época infinita no tempo; porque, por mais que a nossa inteligência limitada possa agrupar milhões de séculos, uns atrás dos outros, ela não faria mais que dar um passo no caminho da eternidade.

A FORMA E A SUBSTÂNCIA

93. A FORMA FAZ A IDENTIDADE DO CORPO.

O universo produzido pela ação dos elementos infinitos deve ser também infinito, ou seja, contendo tudo.

A organização do universo só se completará por uma série de ações sucessivas. Tais ações terão como resultado uma série de corpos cada vez mais perfeitos.

Essas ações são finitas e produzem corpos finitos; elas enchem as durações como o espírito enche o tempo, e corpos enchem as extensões como a matéria enche o espaço.

Os corpos, ou partes da matéria, resultados e formados pela divisão sofrida pelo movimento, tomam uma *forma*.

A forma é que dá identidade ao corpo. É a forma que faz distinguir um corpo de outros corpos. Logo, o corpo está por inteiro na forma.

94. SÓ A FORMA É DESTRUTÍVEL.

O corpo é essencialmente destrutível, como forma. A substância que compõe a forma é indestrutível.

Todo corpo que existir debaixo de uma forma tem de ser destruído; somente perece a forma, porque a matéria que o compôs existirá sempre debaixo de outra forma.

Nenhum esforço pode aniquilar ou anular a substância que compõe a forma, só pode o esforço modificar a identidade do corpo, transformando-o em outras formas. Um papel queimado transforma-se em gás, carvão, cinza etc., mas reaparecerá debaixo de outras formas; a substância continuará a mesma.

Assim, a substância que compôs o corpo não faz com que ele seja chamado papel, e sim, a última forma que tomou é a que dá ou designa o nome do corpo.

Logo, a denominação de um corpo vem da sua forma e não da substância.

95. DE UMA FORMA DESTRUÍDA NASCE OUTRA FORMA.

Toda forma que teve princípio tem de ter fim. O que começa, termina; o que nasce, morre.

A substância da matéria que compõe as formas é imperecível.

Nenhuma forma se destrói sem deixar de dar à outra forma a substância de que se compunha.

Todos os feitos materiais que devem organizar o universo são uma série imensa de formas que se sucedem umas às outras, ou seja, uma série imensa de transformações. O universo não é mais que um perpétuo trocar de formas ou uma transformação.

Aplicando-se aquela lei de progresso, pode-se dizer

que, se uma primeira forma dá lugar a uma segunda, essa segunda forma é mais perfeita que a primeira.

Todas as transformações têm por objetivo o progresso e o progresso conduz à perfeição indefinida.

96. SUBSTÂNCIA ÚNICA E FORMAS MULTÍPLICES.

O número de formas é infinito, enquanto que a substância componente dos corpos é uma e em toda parte a mesma.

As variedades de formas provêm das diversas proporções, segundo as quais tal aglomeração de substância se une a outra aglomeração.

Da desproporção das diversas aglomerações de substância resulta um corpo todo diferente daquele que tem aglomerações em iguais proporções, segundo as quais, tal aglomeração de substância se une a outra aglomeração.

Da desproporção das diversas aglomerações de substância resulta um corpo todo diferente daquele que tem aglomerações em iguais proporções, de sorte que as formas serão multíplices, ainda que a matéria seja *única*.

A ciência admite, atualmente, 101 corpos elementares e faltam ainda mais de 40 para descobrir. Da combinação destes corpos elementares ou substâncias simples, resultam todas as formas de matéria do *universo*.

Estes 101 corpos simples ou elementares são diversas aglomerações da substância única que a ciência começou a decompor, ao dividir o átomo.

No princípio a matéria era *una*, íntegra e, por conseguinte, informe. Foi do espírito que recebeu a sua primeira forma. A matéria era a substância infinita; o espírito, ao dar-lhe o movimento, dividiu-a em duas formas: a forma candente e a forma sólida.

Calor, sonoridade, odor, sabor, peso etc., não são mais que consequências das formas da matéria!

97. DIVISÃO DA MATÉRIA.

Existem dois infinitos: um é ativo, o outro é passivo. O espírito que atua na matéria é superior a ela. A matéria que sofre a ação do espírito é inferior a ele.

O espírito só pode dividir-se em partes semelhantes umas às outras; de outra forma, sucederia que algumas partes sofreriam a ação das outras e seriam, por conseguinte, passivas, coisa incompatível com a natureza do espírito que deve ser sempre ativo; do contrário deixaria de ser espírito, e seria *nada*.

Fora do espírito a matéria não pode dividir-se, nem pode tomar formas; mas quando o espírito começa sua atividade na matéria, esta principia a tomar formas, isto é, divide-se em duas formas: a parte candente e a parte sólida.

A parte candente, chamada pelos cientistas fluido *imponderável* e *imponderada*, é a parte que manifesta o calor, a luz, a eletricidade etc., que não são mais que efeitos.

Chama-se *sólido* o que a ciência designa pelos nomes de gás, vapor, líquido e sólido; assim, também, como o ar atmosférico, a água, metais e corpos orgânicos, porque todo sólido pela ação do calor se transforma em estado líquido e daí em estado gasoso. Assim, também,o gás se transforma, sob o efeito do frio, em líquido e daí em sólido.

O oxigênio, o hidrogênio, o nitrogênio e o ácido carbônico são os quatro gases que ocupam o mais importante papel na economia dos seres orgânicos; são os mais difíceis de solidificar-se.

Se esses quatro gases não fossem indomáveis, qualquer processo poderia retirá-los da natureza para fazê-los sólidos, e então se apagaria a luz, desapareceria o calor, se decomporia a água e deixaria de existir a atmosfera e todo ser vivo morreria.

98. MATÉRIA ATIVA E MATÉRIA PASSIVA.

Assim como na divisão dos infinitos existe o ativo e o passivo, assim também na matéria a parte candente é ativa e a sólida é passiva. O candente opera sobre o sólido e o sólido sofre a ação do calor.

O calor é matéria e é passivo antes de operar sobre o sólido. O espírito comunica-lhe a sua atividade tornando-o ativo e ele, por sua vez, põe o sólido em movimento, porque esta parte da matéria é muito mais densa.

Logo o sólido é passivo do calor, como o calor é passivo do espírito. O calor ou o *candente* é um intermediário entre o espírito e a matéria sólida; ele não faz mais que transmitir à matéria sólida o que recebeu do espírito.

99. NATUREZA DO CALOR.

Sendo o espírito essencialmente imaterial, põe-se em relação mais direta com a parte da matéria que, por sua natureza, mais se aproxima da sua como o fluido candente.

No entanto, o candente é sempre material, ainda que suas vibrações sejam mais ligeiras e mais sutis. O espírito aproveita as vibrações do calor, que são as mais imponderáveis da matéria, para atuar por meio delas na mesma matéria.

Com efeito, a ciência descobriu isto: nada é mais rápido que a da velocidade da luz, que percorre mais de 300 mil quilômetros por segundo. Igual é a eletricidade que é outro resultado do calor. Logo, as vibrações do candente são utilizadas pelo espírito para atuar na matéria.

100. FORMAS DA MATÉRIA SÓLIDA.

O espírito, operando sobre a matéria, a divide em duas formas: calor e sólido. O calor opera sobre o sólido e lhe dá a forma mais simples e mais sutil que pode: a forma gasosa. A forma gasosa, sendo a mais simples e a mais sutil das formas da matéria, é por conseguinte a mais apta ao movimento.

Logo, a primeira forma da matéria sólida foi a forma gasosa, sem a qual o calor não teria podido comunicar o movimento às massas densas e opacas, tais como os minerais.

A segunda forma da matéria sólida é a forma líquida. Não é o líquido que se relaciona diretamente com o calor, e sim, o gás, porque toda matéria sólida, antes de passar à forma líquida, já havia passado pela forma gasosa, e o calor, ao comunicar-se com o gás, se comunica com o líquido.

Como a forma líquida distava muito da natureza do calórico e da forma gasosa, foi necessário um desperdício de calor na transformação da forma gasosa para a forma líquida; e desse desperdício de calor, ou esfriamento, foi que nasceu a forma líquida da forma gasosa.

A terceira forma da matéria sólida é a forma densa e opaca e a encontramos nos minerais. Toda forma densa e opaca foi primeiro gás e em seguida, líquido.

O desperdício de calor que se operou na passagem da forma líquida para a forma densa e opaca do mineral, nos demonstra que o mineral era antes líquido.

Logo, os minerais são a forma da matéria sólida, que contém a quantidade mínima de calor e os menos suscetíveis em conservar esse calor.

Daí conclui-se que o gás tem maior quantidade de calor do que o líquido, e este maior do que o sólido.

Logo, a forma gasosa tem maior aptidão para o movimento; a líquida, menos e a densa, muito menos ainda.

8º Grau

INTENDENTE DOS EDIFÍCIOS OU MESTRE EM ISRAEL

1. Oitavo grau — Intendente dos edifícios ou mestre em Israel

1. Novamente estamos com Salomão, e a história do grau diz assim:

Salomão propôs que seu povo se adiantasse aos demais nas ciências e nas artes, e que também possuísse grandes riquezas; para isso, escolheu para seus conselheiros os que dirigiam este centro de ensinamentos, e criou o título que leva este grau para honrar com ele os discípulos que sobressaíssem.

O intendente dos edifícios é o encarregado da vigilância dos obreiros construtores do templo, da conservação da obra feita e do sustento e prosperidade da Loja.

2. Os maçons exotéricos, isto é, *aqueles que entraram na maçonaria* para cumprir certas finalidades mundanas, explicam que este grau tem por objetivo o estudo das bases sólidas sobre as quais se deve assentar o edifício do governo e da associação humana, procurar o verdadeiro sentido das palavras "direito", "propriedade" e "trabalho", e ensinar o sentimento do *teu* e do *meu*.

3. Os maçons esotéricos, *nos quais entrou a Maçona-*

ria, ensinam que, para que o homem possa ditar leis, ele deve converter-se em lei; para exigir um direito à sociedade, deve haver cumprido primeiramente seu dever para com a mesma sociedade, e para chegar a isso, deve *conhecer a si mesmo*; nunca deve ter um interesse pessoal e que tudo o que faça, para que seja bom, deve beneficiar aos nossos semelhantes. Se eles são nossos outros *eus*, tudo o que façamos em seu benefício deve recair sobre nós, e este é o verdadeiro altruísmo, aquele que levando nossos pensamentos e nosso trabalho para melhorar as condições de nossos irmãos, aumenta nossa propriedade em sabedoria e virtude. E assim cessam na terra as misérias humanas.

4. Se Salomão não fundou o 6º grau, nem o 7º, como podemos agora crer que tenha instituído o 8º? Outra coisa mais nos surpreende nesta alegoria, e é a seguinte: muitos maçons nos apresentam o Templo de Salomão com colunas e capitéis jônicos (tomados do nome de seu autor que é posterior a Salomão), e coríntios, enquanto que a verdade é a seguinte:

No ano 1 000 antes de Cristo, isto é, um século depois de Salomão, Dorus, rei de Achaia, querendo construir um templo em honra a *Juno*, aconselhou a seus arquitetos que dessem às colunas uma altura de seis vezes mais que seu diâmetro, por ser essa a proporção do corpo humano tomado como modelo por Dorus.

No ano 11 do oitavo século antes de Cristo, os gregos levantaram um Templo a Diana, e os arquitetos, querendo superar o Templo de Juno em delicadeza e elegância, alteraram as proporções das colunas, dando ao diâmetro uma oitava parte da altura, por ser essa a proporção do corpo da mulher, que julgavam preferível à do homem. Depois concluíram que estas proporções careciam de gosto e trataram de diminuir o comprimento das colunas adornando-as com molduras na parte superior; e como as colunas representavam árvores, deram-lhes ornamentos representando ramos e foram chamados capitéis estes adornos. Esta invenção pertence aos *jônios*, porque a coluna *dórica* não oferece mais do que ramos representando uma ideia informe. Os jônicos também adornavam seus capitéis com volutas e espirais que haviam adornado os capitéis dóricos.

Depois Clímaco, no ano 522 a.C., descobriu casualmente novas ideias para construir um capitel. Sobre a tumba de uma donzela de Corinto havia sido colocado um açafate de flores, coberto com uma tela; uma planta de acanto perto da qual se encontrava o túmulo, ao crescer, enroscou-se no açafate, cobriu a tela e formou uma espécie de abóboda de folhas, que pelo seu formoso efeito que produzia deu a Clímaco a ideia de um novo capitel para a coluna coríntia. Pois bem, referindo-se às Ordens *toscana* e *compósita*, elas são muito posteriores aos gregos e pertencem aos italianos. A de póstuma é ainda mais recente.

Logo, com estes documentos históricos inerentes ao 8º grau, deduz-se até a evidência que no Templo de Salomão nunca foram usadas as Ordens dórica e coríntia, porque estas foram inventadas muitos séculos depois.

Por isso, equivocam-se todos os historiadores do grau ao afirmar que Salomão havia empregado as cinco ordens de arquitetura no adorno do Templo, porque como temos comprovado, estas Ordens foram inventadas muito depois de Salomão. Assim, também a segunda denominação do grau, *mestre em Israel,* é aplicada em tempos muito recentes para o 8º grau.

5. Entretanto, estamos seguros de que o 8º grau, por nomes de personagens históricos ou fabulosos e pelas palavras sagradas e de passe e pelas letras misteriosas, este grau, repetimos, é todo científico e filosófico e pode-se afirmar que é o primeiro científico no rito escocês; porém, para aprender as ciências que nele se ocultam é necessário subir os sete graus da exatidão, isto é, conhecer o sentido positivo dos sete símbolos que compõem este grau, que são: *compasso, esquadro, nível, cinzel, malhete, alavanca* e *prumo.* A aplicação justa, separada ou coletiva, desses instrumentos é indispensável para as ciências, as artes, os conhecimentos e a legislação, perfeitos e exatos.

— Para que fostes recebido? (diz a instrução).

— Para dissipar a ignorância e adquirir os conhecimentos que o grau reserva para os adeptos.

6. O sentido moral que a instrução dá aos adeptos, das pessoas alegóricas do grau, assim como às letras iniciais que se chamam místicas, é sem dúvida alguma muito importante; mas, ao correr dos dias e séculos e pela decadência dos maçons, nos ficaram como talismãs, cuja verdadeira interpretação está coberta como um véu impenetrável.

A instrução deste grau ainda contém outro símbolo que consiste numa figura geométrica. Essa figura é um quadrado encerrando os números 9, 27 e 81, cuja raiz é 3, contendo 81 letras próprias para compor as palavras representadas pelas quatro iniciais seguintes: I.·. A.·. I.·. N.·. Pois bem, o que significam estas quatro iniciais? Estudando o mistério das letras: *a manifestação de Deus pai reflete no filho*. Como invocação diz: *ó tu eterno possuidor de todos os divinos atributos...* Esses atributos são trinos: *poder*, *vida* e *amor*, dos quais se desprendem: *formosura, sabedoria, misericórdia, perfeição, justiça, ternura e manifestação* (criação). Devemos dizer também que esta figura, como a decifração das letras iniciais IAIN e finalmente os números 9, 27 e 81, não podem ser completamente decifrados porque as chaves e os monumentos antigos foram perdidos. Assim também sucedeu com a Bíblia que se tornou um esqueleto inerte, pela falta da explicação oral que os mestres davam antigamente aos seus discípulos.

7. Não é certo de que foi Salomão quem primeiro erigiu um templo ao Altíssimo. No ano 2 121, antes da era vulgar, o templo de *Belus* era muito mais vasto e mais rico do que o de Jerusalém; o de Dendera em 1 895, que é muito anterior ao de Salomão, era uma maravilha, sem citar os templos dos brâmanes, os dos caldeus, os de Mênfis etc.

8. O presidente pergunta ao candidato: "Vistes todas as partes do templo?" O candidato responde: "Um grande muro de bronze cobria a maior parte de sua ornamentação". Esta resposta alegórica não se refere ao templo *material*, e sim demonstra que a ignorância em que todo neófito se encontra, antes de haver sido iniciado e instruído, o impedia de ver claramente a beleza interna do templo do Deus vivo que mora no corpo do homem.

A instrução do grau indica que os iniciados deviam sofrer certas provas, cuja natureza os maçons exotéricos ignoram; porém, os verdadeiros *iniciados esotéricos* e *internos* sabem que aquelas provas consistiam em exames mais ou menos profundos para julgar a aptidão, a resistência e o desprendimento de cada candidato. Com essas provas alguns poucos seriam exaltados.

9. O 8º grau, tomado cientificamente, está consagrado ao estudo da arquitetura material, porém, como filosófico e espiritual, está dedicado à arquitetura interna, ao embelezamento moral e espiritual, como se deduz das palavras que o presidente pronuncia dirigindo-se ao candidato: "*Eu mesmo sinto toda a dificuldade que experimentamos em poder convenientemente substituir Hiram, nosso mestre, não somente em sua qualidade de arquiteto, senão como homem profundamente versado nas ciências mais abstratas*".

10. RESUMO:

Decoração: vermelha e foi explicada no grau anterior. Vinte e sete luzes por três de nove. Prática das nove qualidades nos três mundos que estão representados pela estrela de nove pontas ou de três triângulos entrelaçados. As qualidades são representadas pela constância, previsão, ordem, vigilância e economia.
O tapete e os almofadões: para descanso dos maçons depois do trabalho.
A acácia é igual à *sempre viva*: significa a imortalidade.
A balança: justiça e equidade; para pesar nossos atos que serão julgados segundo a *lei de causa e efeito.*
Os três triângulos significam: *poder, saber* e *amor.*
Os três jotas significam a trindade divina: *pai, mãe, filho,* ou *espírito, matéria, homem* etc.
Pp. Judah (*yod: pai*), *p.s. Jakinay* (*pai, mãe, filho*).
A idade *3 vezes* 9, ou as 27 luzes.
As horas de trabalho são as da atividade do dia.

2. O porquê das religiões

11. As religiões e a educação têm por objetivo remediar, o quanto possível, as inclinações perversas do homem. A instrução pode diminuir os desejos desenfreados e substituí-los por anelos elevados, como se constatou historicamente que cérebros de grandes homens foram modificados, desde quando novas ideias ocuparam suas mentes.

A vida material é anterior à vida moral e até pode-se dizer que a vida moral não é mais do que o resultado da vida material do homem. Quando o homem da idade da pedra era semelhante ao animal, não era moral porque não podia comparar os fatos entre si, nem diferenciar o bem do mal.

12. As faculdades de apropriar-se, de comparar, de julgar e de escolher, isto é, a inteligência, a memória, o juízo e a consciência não se despertaram senão *lentamente*. Uma faculdade tem por base outra, mas, uma faculdade não nasce de outra, senão depois de seguir um longo intervalo. Este é o fruto proibido consumido voluntariamente pelo homem que desenvolveu em si as quatro faculdades e comeu, abusando de seus frutos.

Defender-se para conservar-se, a vida conjugal e em sociedade, a educação das crianças, o trabalho para suprir as necessidades, aproveitar os frutos do trabalho — tudo isso é instinto, é pertencente à vida material. Tudo isso é fatal, isto é, é necessário, obrigatório e natural, porque é instintivo e é comum entre todos os homens e animais, tudo é feito para a conservação da vida. Logo, tudo que é do instinto é da vida material, é fatal, é instintivo, natural e concerne somente ao corpo físico; e tudo o que concerne ao corpo físico tem por objetivo a conservação.

13. Logo, o homem, no princípio, desenvolveu seu instinto. Depois começou a desenvolver a consciência, porque sendo a consciência o agente do progresso, deduz-se que a conservação deve preceder o progresso. A conservação é a condição do progresso e o instinto é a condição da consciência; logo, a condição material deve ser primeiramente cumprida para que se manifeste o resultado moral.

14. O homem primitivo era solitário e débil ante os perigos, e por tal motivo foi obrigado a associar-se com seus semelhantes e a viver em sociedade.

15. Na sociedade houve necessidade de meios para entender-se e foram necessários a voz e os sinais que engendram a linguagem. Logo, a linguagem é a primeira manifestação da vida moral, isto é, da vida social.

16. *A vida moral ou social compõe-se de deveres.* Antes de viver em sociedade, o homem não tinha deveres, isto é, a necessidade foi seu único móbil e o instinto foi seu único guia para satisfazê-lo.

17. O fato de viver em sociedade, no princípio, era um ato de conservação revelado pelo instinto, como fazem os animais que se reúnem em manadas com o interesse de sua conservação comum. Desse modo, o homem foi arrojado na moral, contra sua vontade, pelo simples efeito da satisfação da necessidade material imperiosa: *a necessidade de viver.*

18. Se o homem tem faculdades morais paralelas às suas funções materiais, são para serem executadas. O homem não pode possuir nada que não tenha seu objetivo. Logo, faculdades morais e faculdades materiais são para obter resultados determinados.

19. Para que as faculdades morais tivessem livre funcionamento junto às faculdades materiais, foi necessário ditar leis sociais e implantar religiões para defender os direitos do homem e ajudá-lo a cumprir com seus deveres para consigo mesmo e para com seus semelhantes.

20. Este foi o começo das legislações e o motivo das religiões. A legislação trata de melhorar o material: o corpo, enquanto que a religião se esforça para melhorar a moral: o espírito.

21. No *Secretário íntimo,* 6º grau, capítulo 2, foram tratadas as divergências existentes entre as *mitologias comparadas* e as *religiões comparadas* (deve ser relido). E foi dito o porquê e como o homem teve necessidade da religião, e como começou e até onde chegou. Agora podemos dar um passo mais adiante.

3. A religião fálica

22. O objetivo da religião é: *apressar a evolução humana*, formando naturezas morais e intelectuais, e *desenvolver a vida espiritual.* A primeira religião foi a adoração do sexo ou o *culto fálico*, em todos os povos. Esse culto, como vimos no 5º grau, foi inspirado pela manifestação da natureza em seu grande mistério da vida e da procriação. Este sublime culto chegou a seu máximo desenvolvimento entre os antigos egípcios, assírios, gregos, romanos e demais povos da Antiguidade em toda a parte da terra.

23. Todas as religiões atuais estão baseadas na religião fálica e todas, sem exceção alguma, são modificações e continuações *veladas* das formas arcaicas adaptadas às condições modernas, ambientes e propósitos.

24. A lei de atração entre os dois sexos opostos, para reunirem-se, é uma lei puramente divina que tem por objetivo a manifestação do verbo em um novo ser, ser que por sua vez oferece a oportunidade para atrair à vida uma nova alma com a chama sagrada. Este impulso é o mais alto dom de Deus outorgado à *natureza e ao homem.*

25. O desejo sexual não é apetite animal, como alguns ignorantes acreditam; ao contrário, é o desejo mais elevado que a providência depositou em cada ser; é como meio nos propósitos da *divindade* para a *imortalização* da alma e para o bem-estar de todos os homens. Sem o sexo, sobreviria a exterminação da raça, e depois de uma geração, seria o mundo despovoado. O próprio céu seria uma farsa. Entretanto, as religiões débeis e raquíticas, atuais, consideram o sexo como sujo e denegridor.

26. O sexo tem sua raiz na divindade, porque sem sexo não poderia existir amor, que é a fonte da inspiração de toda beleza, moralidade e sublimidade. A chama sagrada inefável não pode manifestar-se nem brilhar através de um ser impotente. Sem sexo não há amor e sem amor não há religião. A religião fálica adorava o mistério da vida e da criação; era a devoção ao poder criador onipotente por meio da procriação e a transmissão da vida de uma geração a outra. Este mistério está encerrado no sexo.

27. A religião do falo, até hoje, ensina que ao orar o homem invoca a Deus; mas, ao unir-se sexualmente à sua mulher, converte-se em *Deus*. O fogo do sexo é o fogo da santidade. O sexo está em Deus, como o filho está no Pai.

O sexo e a santidade são duas linhas paralelas que se encontram em Deus; mas, os olhos libertinos e a vista do santarrão fanático não podem ver este encontro.

A união sexual para os puros é uma obra luminosa,

porque toda união é a causa de uma criação ou expressão. O mal não está no ato, senão nos *pensamentos* que precedem e acompanham o ato.

28. O sexo é o fruto da árvore da vida que está no meio do jardim do Éden; ao comê-lo o homem se fez Deus; *"e o homem se fez um de nós"*, dizem os Elohim, na Bíblia. Entretanto, apesar de ser a árvore da vida, o homem morreu. A árvore da vida não pode causar a morte, porém, o homem, ao comer seu fruto proibido, criou, e suas criações o mataram.

29. A religião fálica ensina que o sexo é o caminho que conduz à iluminação, mas, a paixão sexual é um querubim com a espada flamígera que impede a entrada do homem impuro no Éden de si mesmo. Nenhum valor tem a castidade afastada do sexo. A verdadeira castidade deve estar na pureza e na santidade do sexo. O verdadeiro casto é aquele que eleva sua virilidade até a divindade.

Deus se fez homem por meio do sexo, e o homem se fez Deus por meio do sexo. O sexo deve ser amor, mas o amor não deve ser sexual, porque há sexualidade carnal e sexualidade espiritual; a carnal é o nascimento e a morte, enquanto que a espiritual é a ressurreição eterna.

O fogo criador arde na sarsa de Horeb... Na sarsa do sistema seminal... Não te aproximes daqui: tira o calçado dos teus pés, porque no lugar em que estás, a terra santa é.

30. Mas, (sempre existe o *mas*) quando os homens

começaram a perverter o sentido da pureza sexual, a religião fálica converteu-se em *libertinagem* e *maldição*, os diretores da raça tiveram que modificar a religião fálica lançando sobre ela vários véus, transformando-a e adaptando-a ao ambiente, e cobrindo seus mistérios com fábulas, símbolos e lendas.

31. A religião fálica foi comum em toda parte da terra: Pérsia, Índia, Ceilão, China, Japão, Burma, Java, Arábia, Síria, Ásia Menor, Etiópia, Ilhas Britânicas, México, América do Sul e outras partes do hemisfério. Até hoje existe essa religião na Índia. Porém, em todas essas partes do mundo e em todas essas nações a religião fálica foi, com o tempo, velada com lendas ou fábulas, como roupagens da *única verdade*.

4. A religião mitráica

32. A religião fálica na Pérsia foi substituída pela religião mitráica, que em seu fundo não é mais do que uma adaptação da primeira. Devemos recordar sempre que os povos primitivos, quando degeneraram a *religião do sexo*, a substituíram por uma adoração ao Sol. Por isso, na Pérsia batizaram o culto ao sexo, com o nome de *religião de Mitra*, (Mitra significa Sol) ou religião solar. E assim, o fogo criador no homem deu origem ao culto do fogo solar, e depois ao fogo material. O Sol espiritual invisível foi substituído pelo Sol material visível. Os sacerdotes reservavam exclusivamente para os iniciados a revelação da doutrina original, enquanto que a multidão se contentou com o simbolismo brilhante e superficial.

33. Para os magos, Mitra era a *divindade luz* — o *inefável*, o *Deus fogo* e *luz*, que se manifesta em e pelo sexo do homem. Para o povo era o sol visível que transmitia sua luz através do ar. Para simbolizar este atributo no ritual, consagraram o décimo sexto dia do mês como *dia de Mitra*, O Sol, que era o mediador entre Deus que reina no céu e os homens que lutam e sofrem na Terra. Isso engendrou a primeira concepção de que o homem necessita de um mediador entre Deus e ele. Para os persas, Mitra era idêntico ao Jesus dos cristãos. *Mitra, Jesus, Hiram, Adônis etc.* são a personificação da chama divina. O iniciado, em vez de seguir a uma pessoa ou profeta, vai diretamente à fonte da luz, àquela luz da qual ele é uma chispa.

34. Já dissemos que toda religião tem uma lenda que lhe serve de roupagem e que oculta a verdade *nua* que escandaliza os ignorantes e fanáticos. A religião mitráica é a mesma religião fálica, mas está oculta por uma lenda, como a Maçonaria esta encerrada na lenda de Hiram, e cujo verdadeiro significado será revelado em graus superiores. No momento devemos dedicar nossa atenção ao culto ou ao símbolo da religião mitráica.

35. *Esta é a lenda de Mitra:* — Mitra, a luz, nasceu na *rocha generativa*, à margem do rio, sob a sombra de uma árvore sagrada. Alguns pastores viram o milagre de sua entrada no mundo. Eles o viram sair da rocha com a cabeça adornada com um gorro frígio, armado com uma faca, levando uma tocha que iluminava as trevas. Os pastores ofereceram ao divino infante as primícias de seus rebanhos e colheita. Porém, o jovem herói estava desnudo e exposto ao vento frio. Ocultou-se na figueira, comeu de seus frutos, fez roupa de suas folhas, e assim saiu para enfrentar todos os poderes do mundo.

36. Mitra encontrou-se com o touro, a primeira criatura vivente que Ormuzd criou. Mitra o segurou pelos chifres e conseguiu montá-lo. O animal, furioso, partiu a galope, querendo derrubar o seu ginete, porém, não o pôde, e quando estava exausto rendeu-se a Mitra.

Então o vencedor o arrastou pelas patas traseiras e o levou por um caminho escabroso até a gruta onde morava.

37. Para o povo, esta lenda era um artigo de fé, e todos a tomavam como uma verdade, enquanto que os magos sacerdotes viam nela a penosa viagem do homem na Terra. O touro é o sexo do homem ou sua natureza criadora, que, com sua paixão, não se deixa dominar facilmente quando o ser chega à sua madureza, é assaltado por um poderoso tentador: o desejo sexual. Se quiser chegar a ser Mitra (um Deus), não deve nunca cessar de lutar, e sim, deve sustentar-se até dominar sua paixão e dirigir sua força por canais próprios. O caminho está cheio de obstáculos que devem ser superados. É o relato da iniciação.

38. A lenda de Mitra continua assim: uma vez o touro escapou da prisão e foi para os pastos, o sol enviou a Mitra seu mensageiro, o corvo, ordenando matar o fugitivo. O jovem, contra sua vontade, perseguiu o animal acompanhado de seu cão fiel, até encontrá-lo. Tomando-o com a mão pelas aberturas de seu nariz, afundou seu punhal de caçador com a outra mão em suas ilhargas. Do corpo do touro brotou o reino vegetal; da espinha dorsal nasceu o trigo que dá o pão, e de seu sangue brotou o vinho que produz a bebida sagrada dos mistérios.

39. O touro é considerado como símbolo da virilidade, por sua força criadora. A função sexual representa o princípio de vida. Esse princípio de vida deve ser sacrificado para engendrar a vida. O touro é a alegoria da semente vital, que deve ser sacrificada para que produza. São João disse: "Se o grão de trigo não morre, não ressuscita, porém, se morre, dá muitos frutos".

40. O espírito do mal lançou seus demônios contra o animal; o escorpião, a formiga, a serpente e todos quiseram consumir as partes genitais e beber o sangue prolífico do animal, porém fracassaram. A semente do touro foi recolhida e purificada pela lua (útero da natureza) e assim produziu as diferentes espécies de animais úteis. Sua alma foi protegida pelo cão de Mitra, ascendeu às esferas celestiais onde, recebendo as honras da divindade, recebeu o nome de *Silvano* e se fez guardião da grei.

41. O significado iniciático é o seguinte: Mitra, *o homem Deus*, ao baixar à terra trazendo consigo a *luz inefável* em seu sexo, teve que sacrificar sua semente representada pelo touro, para progredir e produzir. Essa semente deve ser recebida pela *lua mulher*, Ísis ou matéria, e ser purificada por ela. No princípio Mitra não queria sacrificar o touro, ou o sexo, porque sabia que ao fazê-lo se tornaria mortal, e porque sua semente não poderia mais ser dirigida ao altar, senão com muita dificuldade. Mas teve que obedecer ao *Sol interno* ou *Deus Íntimo*, sacrificou o *touro semente* e viu, então, que as criaturas geradas de seu seio (ilhargas) podiam tornar-se como deuses. Mitra, ao descer à matéria e semear sua semente (sacrificando-a), viu que dela brotavam almas que se convertiam em seres divinos e que eram considerados e recebidos como deuses.

42. Mitra, o *Deus luz, o sol espiritual (o homem Deus com a chama sagrada),* tinha que engendrar e vigiar cuidadosamente a *raça adâmica.* Em vão *Ahriman*, o deus das trevas, assolou a terra com o fogo e quis matar seus habitantes pela sede, mas quando imploraram a ajuda de seu adversário, o arqueiro divino lançou suas flechas contra a rocha, de onde saiu uma fonte de água viva e saciou a sede de todos. Depois, seguiu o dilúvio universal, e Mitra, advertido pelos deuses, construiu uma arca e se salvou juntamente com seu rebanho, flutuando sobre a superfície das águas, ou em linguagem simbólica: "*a chispa divina dentro do homem o preservou no útero da natureza contra o dilúvio das paixões, dos erros e das trevas*". A lenda bíblica é uma cópia da lenda mitráica, que foi escrita milhares de anos antes. Ambas as lendas são filhas da *religião do sexo.* (Ler *Gênese reconstituída*).

43. Mitra, muitos séculos antes de Jesus, teve sua última ceia com seus discípulos, antes de sua ascensão ao céu; Mitra foi levado ao céu pelo Sol, em sua radiante quádriga (lenda de Elias, na Bíblia). E está sentado à direita do Deus Sol, e nunca deixou de proteger os fiéis que lhe serviram. Mitra, em linguagem filosófica, *é o logos que* *foi emanado de Deus e participou de sua onipotência, o qual depois de haver modelado o cosmos como demiurgo, continuou velando por ele.* Mitra, em resumidas palavras, é o Cristo dos persas.

44. Os persas acreditavam na redenção ou liberação, acreditavam na sobrevivência da alma, conscientemente; acreditavam no castigo e recompensa de ultratumba e que a chama divina habita em cada um de nós; acreditavam no julgamento depois da morte, nos devas da obscuridade e da luz (anjos) que disputam as almas dos homens depois da morte, segundo suas maldades e bondades; acreditavam em oito céus; tinham cerimônias evocatórias; acreditavam em sete espíritos planetários ante o trono de Deus e no juízo final, na ressurreição dos mortos etc. Acreditavam, por último, que Deus separa os justos dos injustos e que os primeiros obterão a imortalidade, mas, aqueles que tenham renunciado a seguir o caminho da iniciação, retornarão à terra de onde vieram.

45. Pelo exposto anteriormente, vimos que a religião mitráica está baseada no mistério do sexo, assim como todas as demais religiões, como veremos em futuros trabalhos. E assim fica comprovado que toda religião tem uma parte para ser divulgada ao público, e outra, secreta, para os iniciados. O Sol, a Lua, as estrelas, os profetas e santos, serão como mediadores para o povo, enquanto que *Deus-fogo-luz*, é sempre adorado pelos eleitos e pelos iluminados.

46. Antes de encerrar este capítulo, diremos poucas palavras sobre os ritos e cerimônias da religião de Mitra. A filosofia da religião mitráica ensinava que os sete céus representam as sete virtudes. Cada sacerdote leva em sua cabeça um gorro frígio, sinal de sua identificação com o sol, e estes mensageiros recebiam o título de *padres*. Havia três graus para chegar ao sacerdócio. *Os padres* presidiam as cerimônias sagradas e tinham autoridade sobre os fiéis. O chefe dos padres tinha o título de "*padre dos padres*" (*pater patrum* e *pater patratus*). Todos se chamam de *irmãos* entre si. Batizavam as crianças. Aquele que quebrava seu voto era anatematizado ou excomungado pela deslealdade e não podia continuar nos mistérios. A água era benta para o batismo por aspersão e por imersão como no culto de Ísis. O padre celebrante consagrava o pão e o suco inebriante da *haoma* (soma, talvez, na Índia), misturado com água e preparado por ele. A consagração se efetuava por certas invocações mágicas e ele ingeria estas coisas durante a celebração de seus sacrifícios. O culto mitráico teve suas virgens, vestais ou monjas; teve seus conventos e escolas (seminários de treinamento). O domingo era o dia mais sagrado, porque era presidido pelo Sol e estava santificado pela religião. O nascimento do sol Mitra, salvador do mundo e a natureza de sua morte, era para os persas o dia mais santo do ano, e este dia era o 25 de dezembro de cada ano, data que também, desde o século IV, foi fixada como nascimento de Cristo.

5. Como conhecer o homem à simples vista

47. Continuamos neste grau o estudo começado no anterior sob o título conhece-te a ti mesmo e aos demais pela caracterologia.

Caráter é a noção da força temperamental do indivíduo, matizado pelas ações do externo. A palavra *caráter* provém do grego *kharakter*, e significa *gravar*; é então o poder de gravar um hábito no indivíduo pela repetição do ato. O ambiente que rodeia o ser, a herança, a educação, tudo pode influir no homem, mas, a energia básica que fundamenta o caráter assenta-se notadamente sobre o dinamismo psicológico positivo provido pelo temperamento que é a substância espiritual básica indispensável para a formação da personalidade, sendo o caráter aquilo que é modelado e gravado sobre essa substância.

Embora *nada exista no sentimento que não tenha estado antes nos sentidos*, disse Aristóteles, é indubitável que algo temos e trazemos já ao nascer. A psicologia aceita a definição dual da personalidade.

Desse modo encontramos que na estrutura do caráter gravitam dois fatores determinantes que são:

1º *As disposições herdadas*. Segundo o espiritualismo: *o que trazemos por merecimento.*
2º *As reações pessoais. "Nossa vida atual como consequência de causas anteriores"*, segundo a filosofia espiritualista.

Contudo, temos que seguir, no momento, a psicologia científica em nossos estudos atuais, deixando as explicações espiritualistas para mais tarde.

OS TEMPERAMENTOS

48. Ampliando nossos estudos anteriores diremos:
O sangue tem dois tipos:

1º Pletórico: geralmente grosso e de bochechas rosadas, com região abdominal avultada e pernas finas.
2º Vital: de formas arredondadas, grossura moderada, de cútis branca e cor-de-rosa; é de aspecto esbelto, sem chegar a linhas delgadas; com caixa torácica ressaltante, sem chegar ao abdome característico do tipo anterior.

49. O temperamento *linfático* tem também dois tipos:

1º Grosso e mole, de gordura e músculos relaxados, pálido, de rosto redondo, olhos expressivos e papada caída.
2º O segundo tipo é o *sensual*: é pálido, de formas graciosas, cheias sem excesso, com olhos sonhadores e rosto oval; muito frequentemente de extremidades inferiores mais grossas do que a parte média normal.

50. O temperamento *nervoso* tem:

O primeiro tipo, *nervoso*, é delgado, de feições e movimentos angulosos, esbelto, vivaz, pálido, expressivo e rápido.

O segundo tipo, *atônico*, é alto, delgado, dorso encurvado, feições enrugadas, formas magras, marcha lenta e joelhos um pouco flexíveis.

51. O temperamento *bilioso* tem somente um tipo, de expressão forte, mandíbula quadrada, olhos firmes, expressivos, talhe curto, pescoço grosso, caixa torácica ressaltante.

52. Ao estudarmos a compleição do corpo humano, temos três tipos morfológicos:

Brevilíneos
Normolíneos
Longilíneos

53. Os brevilíneos têm a fibra muscular de uma espessura que prima sobre as longitudes. Esses indivíduos são geralmente baixos e rijos, de tipo lutador na maioria das vezes, de pescoço curto, nuca avultada, andar pesado e sólido aspecto. É um tipo bilioso cujo sistema nervoso parassimpático não gasta energia e por isso a forma física se torna grossa e roliça.

54. Os normolíneos de tipo harmônico e de formas redondas, aspecto e andar gracioso; correspondem ao temperamento sanguíneo. Nos normolíneos se equilibram os sistemas nervosos simpático e parassimpático o que produz o equilíbrio ou normalidade das formas.

55. A compleição dos longilíneos proporciona tipos nos quais as longitudes da fibra muscular primam sobre a espessura. São tipos altos e geralmente fracos. Temperamento nervoso e atônico. Predomina o sistema simpático, que os fazem excitáveis, consumindo continuamente energias, e por isso perdem peso.

56. O tamanho da forma corpórea é outro fator digno de considerar. Entre as proporções totais dos distintos talhes e grossuras das pessoas, aparecem três tipos destacados:

Grande
Médio
Pequeno

57. Os *grandes* são sempre *lentos*, emocional e fisicamente (é uma lei dinâmica: os corpos grandes movem-se lentamente, na razão de sua massa). Respondem aos estímulos com lentidão, porém, uma vez em marcha, não se detêm imediatamente, senão em forma progressiva.

58. Os *pequenos*, ao contrário, são ágeis, movediços, rápidos, emocionais e, fisicamente, respondem imediatamente aos estímulos e também se detêm rapidamente em sua ação.

Do exposto conclui-se que uma mente calma e repousada corresponde a um corpo grande porque delibera e contempla todas as possibilidades antes de agir; pelo contrário, a um corpo abaixo do médio ou pequeno, corresponde uma mente aguda, de ação rápida, vivaz e inquieta.

59. Até o bater do coração é muito mais lento nos grandes organismos (e a respiração também) do que nos pequenos.

Naturalmente não falamos das alterações funcionais patológicas ou circunstanciais que podem modificar em um ou outro tipo seus estados em virtude das funções, profissões e cargos dignitários, como o sacerdócio, a diplomacia etc.

60. Também temos outra distinção para descobrir o caráter do indivíduo, tal seja a *cor dos cabelos* e *dos seus olhos*. Em três categorias podem-se definir suas tendências:

Ruivo
Castanho
Moreno

Os ruivos são *setentrionais*; os morenos são *meridionais*; os castanhos representam a fusão dos dois anteriores.

61. Ainda não é o momento de entrarmos no estudo da antropologia para afirmar que a vida humana se iniciou nas regiões do equador, de temperatura quente e temperada. Como reação ao excesso de luz solar, a pele, o cabelo e os olhos se pigmentaram de preto, o que significou uma defesa natural da vida orgânica. O primeiro tipo de homem parece ter sido o moreno.

62. Parece que uma quantidade de tais seres humanos, por motivos urgentes, viu-se obrigada a emigrar para zonas subtropicais e parte setentrional, onde faltou o clima temperado e abundância de alimento, sem sol de radiações ultravioletas e calóricas muito intensas. Esses homens tiveram que cobrir todo o corpo para se protegerem do frio, tiveram que combater para obter alimentação e organizar-se em agrupações. Todos os povos nórdicos acusam em sua genealogia falta de pigmentação escura por causa da falta do influxo solar.

63. Os povos que permaneceram no equador ou perto, como os italianos, mouros, árabes, egípcios, hindus etc., continuaram com sua pigmentação escura. Desenvolveram pela exuberante natureza, os aspectos emotivos, artísticos, sentimentais de sua constituição psíquica; enquanto que os nórdicos, como os suecos, noruegueses, russos, germânicos, britânicos etc., lutaram sempre contra o ambiente hostil dos ventos frios e neves para obter sua alimentação e dessa maneira desenvolveram a vontade de sobreviver, de lutar e vencer.

64. Entre os povos do tipo moreno, prevaleceu o sentimento, sendo esses povos os criadores da arte em seus múltiplos aspectos, o pictórico em particular.

Entre os povos ruivos prevaleceu o pensamento e surgiu entre eles o formidável adiantamento da técnica e da ciência, tal como as conhecemos.

RESUMO:

No ruivo, domina o cálculo, ou o *pensamento*.
No moreno, domina a sensualidade ou o *sentimento*.
No castanho, domina menos a tendência mental e gravita a *emoção*.

65. TRÍPLICE DISTINÇÃO DO ROSTO:

Os três atributos do *Eu* na consciência, para destacar a vida humana são: *pensamento — sentimento — vontade*.

Esta tríplice distinção psicológica concretiza-se no *aspecto físico*. O rosto humano tem três zonas:

A primeira zona é a que se estende da parte superior da cabeça à parte inferior das sobrancelhas. Se essa zona é a mais comprida no rosto temos o tipo da atividade intelectual, o *pensamento*.

Se a segunda zona, que aparece entre a linha inferior das sobrancelhas e a linha base do nariz, é mais alta, temos o ser *sentimental*, o *sentimento*.

Se a terceira zona, que compreende desde a linha base do nariz à extremidade do queixo, é a mais alta, temos a atividade volitiva, a *vontade*.

66. O equilíbrio entre as três zonas, em dimensões, demonstra o equilíbrio da pessoa.

No tipo mental predomina a fronte.

No sentimental predominam as faces.

No volitivo predomina o queixo.

O tipo mental parece um triângulo cuja base está para cima.

O tipo sentimental tem o rosto ovalado.

O tipo volitivo é um triângulo com a base para baixo e a ponta para cima.

67. Existem dois subtipos dos três anteriores, isto é, uma combinação entre dois deles:

O tipo dinâmico: rosto quadrangular, predomina o aspecto de ângulos retos.
O tipo assimilativo: rosto redondo, predomina o aspecto circular.

Não pretendemos escrever um tratado de caracterologia; somente queremos dar noções para que o iniciado possa conhecer a si mesmo e aos demais; por esse motivo, damos um extrato do mais essencial para guiar o caminhante na senda.

6. O que deve saber o intendente dos edifícios — O corpo físico e a medicina universal

68. ALIMENTOS.
Os alimentos dividem-se em cinco classes:

a) Albumina, que é encontrada na clara do ovo, carne magra, soro do leite, nos legumes e em todos os alimentos animais e vegetais.
b) As gorduras existem nas carnes gordas de todos os animais quadrúpedes, nas aves, nos gansos, nas enguias, na manteiga, nata, gema de ovo, queijo, cacau, chocolate e sementes. As frutas que as contêm são a banana e o morango, e assim mesmo em pequena quantidade.
c) Os hidrocarbonados dividem-se em três classes: féculas ou amido, açúcares e celulose.
Os amidos ou féculas abundam nos cereais, como o trigo, a cevada, o arroz etc.; nos legumes, tais como favas, lentilhas, cacau, batatas etc. Os açúcares, nas frutas, cana-de-açúcar, mel, leite. O açúcar de cana e de beterraba chama-se sacarose e o açúcar de fruta, frutose.
d) A celulose, nos alimentos vegetais, é apenas assimilável.

69. O açúcar de cana ou sacarose que adoça os alimentos do homem, como café, leite, pastéis etc., não é assimilável; o fígado, por meio da bílis, o transforma em açúcar de fruta ou frutose, para que possa servir de alimento. Os doentes do fígado devem evitar o açúcar de cana. O açúcar das frutas e o mel das abelhas são grandemente recomendáveis porque não sobrecarregam o fígado e são também muito assimiláveis. Para conservar a saúde, necessário se torna adoçar os alimentos com mel de abelha ou açúcar de fruta.

e) A quarta classe dos alimentos é a água que todos os alimentos contêm. Ninguém pode passar sem água e os que não a bebem terão forçosamente que suportar muitas enfermidades.

f) Os sais minerais são a quinta classe dos alimentos e são encontrados em todos os alimentos animais e vegetais.

70. A nutrição é o efeito produzido pelo alimento no organismo ao proporcionar matéria e energia.

O alimento que desperta energia sem reparar perdas materiais é insuficiente, como acontece com as bebidas alcoólicas, que proporcionam energia em forma de calor e não reparam as perdas materiais.

O regime alimentar completo satisfaz às quatro necessidades do organismo, a saber: produção de calor, de energia muscular, de energia nervosa e reparação de tecidos orgânicos.

Não é possível manter a vida com as necessidades atuais da civilização, empregando rigorosamente um só regime. O regime de carne e mariscos não é suficiente, porque carece de hidrocarbonados suficientes para proporcionar ao organismo a necessária energia.

71. O regime vegetariano pode ministrar ao organismo todos os princípios nutritivos de que necessita, porém é necessário haver uma combinação acertada dos alimentos, sobretudo considerando-se cada idade e cada ofício. Nada há que mais prejudique a saúde do que seguir exclusivamente um regime carnívoro; também não é aconselhável adotar um regime só de vegetais.

O leite apenas pode manter a vida por longos anos, como já foi comprovado.

O melhor regime é aquele que proporciona todos os princípios dos alimentos sem causar dano ao organismo, como o causa o abuso de carne, bebidas e excitantes.

Os animais vegetarianos como o cavalo, o boi etc., têm maior força e resistência do que os carnívoros como a pantera, o leão, e outros, que são de grande força impulsiva, porém sem esforço prolongado.

Se tratamos de explicar todas estas coisas, é porque temos em vista a alimentação humana, não apenas sob o ponto de vista fisiológico, mas também considerando sua influência mental e espiritual, e porque o corpo é o instrumento da manifestação da *alma* e do *espírito*.

Os vegetais crescem e amadurecem pela ação combinada dos princípios minerais, que absorvem do solo por suas raízes, da luz e calor do sol e da influência do ar e da água: é importante dizer que os vegetais contêm os quatro elementos da natureza, energia, substância e vida como nenhum outro alimento.

A energia do Sol nas ervas, frutas e grãos é transmutada em carne, ossos, nervos e sangue nos animais e no homem que os consome.

O regime vegetariano que não é tão rigoroso quanto o vegetalista, é o mais conveniente para todos, porque inclui o leite e derivados e admite os ovos. O regime lácteo convém em circunstâncias especiais, como as afecções dos órgãos digestivos ou em consequência de mal-estar geral do corpo, quando os demais regimes forem prejudiciais.

72. O regime misto de carne e vegetais é necessário de princípio, na transição de carnívoro para vegetariano. É bastante arriscado à saúde a súbita mudança de regime.

Um organismo acostumado à carne precisa desacostumar-se dela pouco a pouco. O regime naturista, que é extremamente rigoroso ao aconselhar que se coma tudo cru e parece pouco menos que selvagem, pode ter inúmeras vantagens para certas pessoas de certas ocupações e ofícios, mas não para a maioria. A vantagem maior do regime naturista é a de aproveitar as vitaminas e os sais contidos nos alimentos em estado natural.

73. As vitaminas são certos princípios que formam a essência dos alimentos e sem os quais não se aproveitam as albuminas, nem as gorduras, nem os hidrocarbonos, nem os sais. Descobriu-se a existência das vitaminas ao observar-se que os chineses, japoneses e indostânicos, estavam expostos a uma enfermidade chamada *beribéri*, que consistia na debilidade e tremor de todo o corpo, enquanto que os que se alimentavam com arroz integral ou com casca, não sofriam dessa enfermidade.

Observou-se também que os mesmos doentes de beribéri curavam-se mais rapidamente ao tomar a infusão de casca de arroz.

Ao estudar e analisar a causa e efeito dessa observação, foram descobertas as vitaminas na casca dos cereais, no levedo de cerveja, nas cascas das frutas e nas películas ou envoltórios das sementes. Hoje sabemos que não basta ingerir quantidade de alimentos para adquirir matéria e energia, senão que é necessário haver vitaminas nos alimentos.

A combinação dos regimes vegetariano, vegetalista e naturista, conforme a idade, profissão, temperamento, clima, estação do ano e estado do indivíduo, é o padrão mais favorável para que ele se mantenha são, sem exageros nem manias na alimentação.

É necessário evitar as bebidas alcoólicas e os excitantes (café, chá, absinto, canela, cravo, noz-moscada, vinagre, pimenta e mostarda).

74. Para que as células assimilem os elementos químicos da nutrição, são necessários estimulantes que as incitem a assimilá-los.

Um desses estimulantes são as vitaminas. As vitaminas favorecem a decomposição das matérias de maneira que a célula possa aproveitá-las, atuam como estimulantes da atividade glandular, apressando ou retardando os processos que facilitam a renovação vital, proporcionando energias, acumulando defesas, e finalmente, estimulando cada célula, glândula e órgão a realizar as funções que lhe competem.

A seguir indicamos, superficialmente, o trabalho que compete às vitaminas mais conhecidas.

Vitamina A — Estimula o apetite, evita a formação de cálculos nos rins; fortalece o aparelho digestivo, conserva a pele em bom estado, ajuda o sistema respiratório, dá defesa às infecções renais e favorece o crescimento das crianças e renovação vital dos adultos. A insuficiência desta vitamina é a causa da prisão de ventre, altera a digestão, resseca a pele, diminui o apetite, provoca a diarreia, atrofia as glândulas suprarrenais e diminui a resistência às infecções. É armazenada no fígado, nos rins e na pele.

Vitamina B — Favorece a atividade do estômago e intestinos, as secreções dos sucos digestivos; ajuda a assimilação, fortalece o sistema nervoso, desperta o apetite, produz a reprodução celular e aumenta a resistência às infecções. A carência da vitamina B afeta o coração, o sistema nervoso, o intestino, a capacidade de procriação em ambos os sexos e é a causa de numerosas enfermidades. É armazenada no fígado.

Vitamina C — Estimula a calcificação, favorece o crescimento, enriquece o esmalte dos dentes e os vasos sanguíneos; é necessária na formação intercelular e facilita o crescimento. Sua carência é a causa das mais variadas enfermidades como o escorbuto e outras. É armazenada principalmente na película ou envoltório que recobre as glândulas suprarrenais.

Vitamina D — Favorece o metabolismo do cálcio e fósforo, mantém o cálcio no sangue, regula a ação muscular, influi na consistência e dimensão dos ossos e estimula todo o sistema glandular de secreção interna. Sua deficiência causa o raquitismo e outras enfermidades. É armazenada no fígado e em certos sucos contidos na pele, os quais necessitam dos raios ultravioleta do sol ou da luz artificial para sua libertação.

Vitamina E — Favorece os hormônios sexuais, sustém o apetite genésico, mantém a normalidade dos testículos, ovários e útero; estimula a reprodução celular depois de alcançada a plenitude sexual e atua sobre o sistema nervoso voluntário. A deficiência da vitamina E afeta os órgãos mencionados e causa a esterilidade, entre outras enfermidades.

Vitamina G — Sua ação é idêntica à da vitamina D.

Vitamina H — Está armazenada no fígado. Sua deficiência ocasiona a queda do cabelo, palidez, dermatites, dores musculares e lassidão geral.

Todas essas vitaminas estão em todos os alimentos que nos dá a Mãe Natureza. Cada parte do corpo tem necessidade de certas vitaminas. Através dos três grandes sistemas as células se apoderam dos elementos de que necessitam para nutrir-se, purificar-se e reproduzir-se. As diversas partes do corpo têm as suas necessidades.

RESUMINDO: os alimentos precisam conter 15 substâncias básicas a fim de proporcionar aos 200 quintilhões de células o movimento progressivo para que possam reproduzir-se por divisão de si mesmas quase indefinidamente. Sem dúvida esses alimentos com suas substâncias não podem servir ao organismo se não tiverem as vitaminas indicadas que tornam úteis os sais minerais encerrados em cada alimento e que proporcionam alimento, energia, reparação de perdas materiais e produção de calor.

75. PRÁTICAS.

É importante estudar seu próprio corpo físico e verificar suas deficiências para poder corrigir, harmonizar e fortalecer os próprios órgãos débeis.

Alimento completo é aquele que satisfaz a todas as necessidades do organismo, proporcionando suficientemente a matéria plástica, sais minerais, combustíveis e vitaminas em geral, quanto requeiram os 200 quintilhões de células para realizar os dois movimentos seguintes: 1º movimento progressivo ou de assimilação, durante o qual se nutrem; e 2º o movimento regressivo ou de desassimilação, durante o qual se eliminam os resíduos inúteis.

76. ALIMENTOS COMPLETOS.

1º Frutas, cereais e ovos.
2º Cereais, verduras, frutas oleosas.
3º Frutas, leite, cereais.
4º Frutas, pão, frutos oleosos.
5º Verduras, arroz, ovos.
6º Salada, ovos, pão.
7º Verduras, cereais, frutas oleosas.

As combinações acima podem constituir uma completa alimentação.

Daremos a seguir os alimentos que se combinam e são aproveitáveis:

Hortaliças com cereais. Pão com toda classe de alimentos.
Hortaliças com batatas.
Salada com cereais.
Batatas com hortaliças e ovos.
Nozes com cereais e hortaliças.
Queijo com cereais ou batatas.
Cereais com frutas secas. Ovos com todos os alimentos, exceto leite e queijo.
Frutas com cereais e pão.

As demais combinações são inconvenientes.

7. O corpo da alma e a medicina universal

77. O homem não respira nem aspira tão somente pela boca ou pelo nariz, mas também através da pele.

A pele tem duas camadas: a externa que se chama *epiderme* ou cútis, e a interna a qual se chama *derme*. A epiderme renova-se constantemente e o homem muda de pele.

A *derme*, ou a camada situada debaixo da epiderme, é a *carne viva* e é provida de múltiplas veias e artérias capilares que conduzem o sangue à superfície do corpo.

Pelos orifícios ou *poros* da epiderme penetra o ar e se põe em contato com o sangue das veias capilares, produzindo o mesmo efeito que nos pulmões ainda que em menores proporções. De maneira que o sangue negro ou impuro dos vasos capilares transforma-se em puro e vermelho pelas "vias respiratórias" da pele.

Se a pele do homem fosse embebida com verniz, ou betume, sobreviria a morte algumas horas depois, mesmo que ele pudesse respirar pelo nariz. Isso vem provar a necessidade de se conservar a pele limpa para que processe sua respiração cutânea e sua transpiração.

A limpeza da pele se consegue por completo através do banho diário; porém se é impossível tomá-lo diariamente, torna-se necessário friccionar diariamente o corpo inteiro com uma toalha molhada com água ou água-de-colônia, e tomar banho pelo menos uma vez por semana.

78. Nestas aulas não desejamos entrar em minúcias acerca da influência da roupa sobre a respiração.

O traje moderno, tanto masculino como feminino, parece idealizado pelo demônio, ou pelo maior inimigo da humanidade, pois sua mente concebeu aquilo que é exatamente o contrário à saúde, à comodidade e à estética. O cinto ou os suspensórios para sustentar as calças, os espartilhos (felizmente postos à margem), e a gravata, esse freio da civilização moderna; todas essas prendas deveriam ser excluídas da moda por serem prejudiciais à boa respiração.

Já explicamos que a caixa torácica é uma espécie de fole esponjoso através do qual flui e reflui o ar com uma constância infatigável e que cada um dos milhões de poros da pele é um orifício de entrada e saída dos elementos que produzem o progresso vital.

Esse fole é formado de átomos viventes, cada qual independente em seus próprios trabalhos, porém todos sujeitos a um centro motor. Suas duas classes de respiração se complementam no físico e no mental e ao mesmo tempo são influenciadas por condições mentais e físicas.

Logo, o *homem é conforme respira* e *respira conforme é.* O riso, o suspiro e o pranto são três modalidades de respiração, de maneira que a alegria, a esperança e o pesar influem objetivamente na maneira de respirar e essa maneira interessa ao corpo físico, ao corpo da alma e ao espírito.

Existem muitas enfermidades que deixam marcas na maneira como se respira, e assim temos a respiração entrecortada que se processa com uma aspiração entrecortada e uma expiração também entrecortada, o que é indício de tuberculose pulmonar.

Assim também temos a *respiração sincopal, a respiração meningítica, a respiração cerebral* etc.; todas elas demonstram que o fole tem no ar o elemento energético que sustenta a vida.

79. O homem, ao respirar, não inspira somente o oxigênio, o nitrogênio e o carbono, a que fizemos referência, pois estes componentes não podem manter a vida. No ar existe o *alento de vida* que foi soprado nas narinas do homem, dele fazendo *alma vivente.* Esse alento é uma espécie de energia primária que coexiste com a luz, a eletricidade, enche os espaços intermoleculares e alimenta a vida individual do ser vivo. Esta energia chamada pelos iogues *prana,* que aspiramos no ar, tem duas modalidades: positiva e negativa. As proporções que assimilamos dos eflúvios positivos e negativos estão condicionados pelo mecanismo de nossas narinas.

A fossa nasal direita do homem (na mulher é a esquerda) assimila energia positiva, enquanto que pela esquerda (na mulher, a direita) assimila a negativa. Em cada 24 horas a respiração flui alternadamente pelas fossas nasais, fechando-se por si mesma uma enquanto se abre a outra; em condições normais esta mudança se verifica de hora em hora. Essa mudança foi comprovada cientificamente e o estudante também a pode comprovar colocando um espelho debaixo do queixo e expirando pelo nariz, verificará que o alento de uma narina embaça o espelho mais do que a outra, quando está em plena função.

Neste curso elementar não podemos desenvolver mais o estudo das propriedades da *energia vital*; aqueles que quiserem aprofundar mais o seu conhecimento, podem fazê-lo estudando a obra *As chaves do reino interno ou o conhecimento de si mesmo.*

80. Chama-se capacidade respiratória, a quantidade de ar que pode receber os pulmões ao fazer-se uma inspiração profunda.

Mede-se essa capacidade por meio de uma fita métrica passada ao contorno do peito por baixo das axilas enquanto se faz uma *inspiração* profunda, depois torna-se a medir pelo mesmo lugar ao fazer uma expiração forte. Cada centímetro e meio equivale a um litro de ar. Em uma pessoa normal a diferença deve ser de oito centímetros que igualam a cinco litros de ar. No entanto, a maioria, por não ter recebido a educação física na infância e na juventude, tem a capacidade respiratória inferior à normal e isso os predispõe à tuberculose pulmonar. Pode cada um, por meio do exercício respiratório, chegar à capacidade normal, praticando exercícios respiratórios cientificamente preparados e aconselhados para a sua idade. Mas para que o efeito seja completo e perfeito, deve o estudante ter ante si três deveres durante as práticas respiratórias: 1º conhecimento, 2º realização, 3º visualização.

Os exercícios dos primeiros cursos de *medicina universal* dos graus anteriores tendem a melhorar a saúde do aspirante, física, anímica e mental. Durante o primeiro ano deve adquirir conhecimentos; o conhecimento consiste em formar uma imagem do que se quer. Daquilo que nos agrada desfrutar em realidade! Quando essa imagem for suficientemente clara, e haja tempo e lugar para se proceder, então se pode caminhar para a *realização*. A *realização* depende da insistência com que o subconsciente revive no consciente as ideias e a urgência para ver uma coisa realizada. A *visualização* é ver mentalmente nossos desejos em imagens durante a inspiração e retenção do ar nos pulmões. Por exemplo, uma debilidade bronquial cura-se da seguinte maneira:

> 1º Formar a imagem dos brônquios e *visualizá-los* suficientemente; para tal objetivo, deve-se excluir da mente todas as ideias alheias a esta prática.
> 2º Aspirar e respirar conscientemente e sentir a urgência e a fé de que os brônquios são *entidades inteligentes* e que obedecem ao mandato benéfico do EU SOU.
> 3º Visualizar durante a inspiração, que a *energia vital* está penetrando pelas narinas e vai diretamente aos brônquios com o sangue, porque quando a mente concentra o pensamento num órgão do corpo, o sangue acode esse órgão, limpa-o e a *energia vital* o vitaliza.

Depois destas explicações, daremos os exercícios necessários para fortificar e manter a saúde nos três corpos do homem.

Os exercícios respiratórios ditados nos graus anteriores são urgentes e necessários para acumular o magnetismo no estudante.

Depois de certo tempo, devemos praticar este poder ingente em prol do nosso próximo. Antes de cada exercício é necessário *repetir* os exercícios da primeira lição e em seguida passar ao presente.

81. Primeiros exercícios.

1º Em local ventilado, corpo ereto e nu da cintura para cima, pés juntos e braços caídos aos lados do corpo.
2º Fazer uma respiração lenta e profunda, ao mesmo tempo em que se levantam os braços para o alto até juntar a palma das mãos sobre a cabeça até que se toquem no preciso momento em que termina a inspiração. O tempo da inspiração deve ser de oito segundos ou oito palpitações do coração.
3º Reter a respiração durante quatro segundos ou quatro palpitações.
4º Expirar extensamente durante oito segundos baixando os braços à sua primeira posição no preciso momento de concluir a expiração.
5º Inspirar rapidamente pelo nariz e em seguida expirar também rapidamente pela boca. — Quantas vezes?,

perguntarão muitos. A resposta é esta: durante o dia, 20 vezes é bom, 50 é melhor, mas cem vezes é melhor ainda. É preciso praticar até dominar a técnica. Ao inspirar é necessário pensar que está vitalizando todo o organismo ou a parte interessada e que a *energia vital* acode como uma torrente de luz pelas narinas, circula em todo o corpo, ou vai diretamente à parte interessada. Ao reter a respiração, visualizar que a energia está operando e desenvolvendo o poder harmônico no corpo e enchendo-o de *magnetismo benéfico.* Ao expirar, pensar que todo o organismo está expelindo tudo o que é indesejável dentro de si.

IMPORTANTE: esses exercícios devem ser praticados com moderação a fim de não cansar, aumentando-se paulatinamente dia a dia. Cada sessão de exercícios não deve ir além de sete vezes, podendo-se repetir até de hora em hora se houver necessidade.

Benefícios desse exercício: enche os pulmões de magnetismo e energia vital, vitaliza o fígado, baço, intestinos, brônquios, alvéolos pulmonares e capacita o aspirante com um poder magnético e saudável.

82. Segundo exercício.
Com este exercício se magnetiza completamente o corpo; deve praticar três vezes ao dia. Pela manhã em jejum, antes do almoço e antes do jantar.

1º Posição como na anterior, vertical e erguida. Inspirar lentamente pelo nariz e levantar os braços à medida que se inspira até formar uma reta entre as mãos e os ombros.
2° Reter o alento durante cinco segundos, movendo rapidamente os braços para trás; outra vez para a frente até colocá-los novamente na posição inicial; esse movimento é feito durante os cinco segundos.
3º Expirar fortemente pela boca ao terminar o movimento.
4º Inspirar rapidamente pelo nariz e expirar rapidamente pela boca.
5º Cada sessão de exercícios deve ser feita sete vezes.
Esse exercício, além de saturar de energia vital todo o corpo, melhora as funções brônquicas, do estômago, dos intestinos, depura o sangue e vitaliza os pulmões e o coração. Essa prática deve ser acompanhada da mentalização e visualização.

83. Terceiro exercício.

1º Posição vertical, as mãos apoiadas nas cadeiras.
2º Inspirar lenta e profundamente pelo nariz.
3º Reter o ar o mais tempo que possa.
4º Inclinar o corpo para a frente, dobrando-o na altura da cintura mantendo os pés firmes, fazendo a expiração lentamente pelo nariz.
5º Voltar o corpo à posição vertical com uma inspiração profunda também pelo nariz.

6º Inclinar o corpo para trás, com os pés firmes, fazendo a expiração pausadamente.
7º Voltar o corpo à posição vertical e inspirar profundamente.
8º Voltar o corpo para a direita e expirar.
9º Voltar à posição vertical e inspirar.
10º Voltar o corpo para a esquerda e expirar.
11º Voltar à posição vertical e respirar rapidamente, inspirando pelo nariz e expirando pela boca.

Esse exercício auxilia a função dos intestinos, do fígado e dos rins, fortificando-os e vitalizando-os.

84. Quarto exercício.

1º Deitado na cama ou no solo, inspirar profundamente.
2º Reter o alento o tempo que possa.
3º Enquanto se retém a respiração, juntar as pernas e levantá-las perpendicularmente em direção ao teto.
4º Baixando lentamente as pernas, expira-se pelo nariz.

Esse exercício fortifica os órgãos inferiores do corpo, ajuda a eliminar os detritos do intestino grosso, enche de magnetismo os pés e as pernas dando-lhes força e resistência.

Todos esses exercícios normalizam a capacidade respiratória e serão os melhores preventivos contra a tuberculose, a gripe e demais infecções pulmonares. Ao fim de um mês destas ginásticas respiratórias, deve medir-se novamente o peito como já foi indicado para ver quanto aumentou a capacidade respiratória. Se exceder três litros, o estudante já pode pertencer ao "*curso de magnetismo prático*". Se não, deverá praticar durante outro mês. Importante: cada centímetro de capacidade respiratória aumenta a área da aura e a sutilidade vibratória. O estudante bem desenvolvido tem uma aura que brilha a vários metros de distância.

8. A mente e a medicina universal

85. O caráter influi na saúde e a constituição orgânica influi no caráter: virtudes e vícios constituem o temperamento psíquico do homem. Assim como as enfermidades do corpo repercutem no ânimo, assim também as enfermidades do ânimo têm sua repercussão no corpo. Se o homem pudesse ver os efeitos que produzem a cólera, o rancor, a inveja e a paixão, ficaria horrorizado ante o espetáculo apresentado pelo seu coração, estômago, fígado e demais glândulas, entregues a tão baixas paixões, e ele se converteria num santo e não tornaria a cometer tais faltas durante a sua vida. Os vícios perturbam a atividade normal das células, matando grande quantidade delas e fazendo do homem um escravo da enfermidade. Ser virtuoso é ser simplesmente normal e natural, e não como creem alguns que é ser um santo. Para ser virtuoso é preciso pensar, ansiar e praticar uma virtude que suplante os efeitos e as consequências do vício ou da paixão dominante.

Para desarraigar um vício e adquirir uma virtude ou um hábito bom, são necessários força de vontade, entendimento e memória para realizar o intento. A vontade é necessária para preservar o empenho. O entendimento, para conhecer o que favorece e o que prejudica. A memória é para recordar as funestas consequências que nos advieram do vício.

86. Para eliminar um vício ou vencer uma paixão, é preciso evitar a tentação ou as circunstâncias que constituem o ambiente propício.

Um vício privado de seu ambiente morrerá. O poder autossugestivo da imaginação, do entendimento e da memória nos impulsionará à prática positiva da ansiada virtude.

A autossugestão consiste em cultivar a virtude contrária ao defeito, exemplo: o vício da cólera combate-se com a paciência. Pensar em paciência, evitar anedotas e murmurações assim como as pessoas que as inventam, refrear a língua e suportar uma frase mortificante; todas estas precauções para adquirir a paciência darão a reforma do caráter e o aumento da saúde.

É por esse motivo que insistimos na educação da criança; em gravar em sua mente as virtudes que formarão seu caráter e que perdurem à virilidade, eliminar de sua consciência superstições como o azar do número 13, ou viajar ou casar na terça-feira, passar por debaixo de uma escada, bem como acreditar no poder das bruxas e em mil outras bobagens.

87. A autoeducação ou autossugestão nos adultos e nas crianças não significa sugestão ou hipnotismo. Nunca se deve confundir uma coisa com a outra. De hipnotismo e sugestão, teremos um curso a parte. Esses dois ramos da magia são como uma arma de dois gumes. Não servem para educar a vontade, mas são muito proveitosos para curar certas enfermidades e vícios.

88. A autoeducação é o saudável efeito produzido na mente e no corpo do indivíduo pela ação da vontade combinada com o saber e servida pela imaginação. Os pais devem ser os primeiros educadores das crianças, mas se os pais não forem educados, nada podem esperar dos filhos. É desde o nascimento até os sete anos que se preparam os alicerces do edifício da vida. Todo o hábito bom adquirido durante a infância perdurará por toda a vida. Cada aspirante deve buscar todos os seus hábitos viciosos e anotá-los num papel, e então acudir à autossugestão cujos fatores são: a vontade, o conhecimento e a imaginação; é preciso atacar conscientemente a causa, a raiz do hábito vicioso.

89. A obra intitulada *Eu Sou* contém todos os exercícios de que necessita o aspirante para todo o ano. Recomendamos esta obra por sua utilidade e porque ajuda muito a todo aquele que busca o caminho do *super-homem*.

No caso de não poder obter a citada obra, daremos a seguir certas regras e instruções para serem seguidas.

Pela manhã, ao despertar e antes de levantar-se da cama, naquele lapso de sonolência, lembrar o primeiro defeito que anotamos no papel depois daquele exame de consciência. Qual foi o defeito? Foi a ira? Então mãos à obra.

Repetir esta frase pelo menos 50 vezes: *eu sou a paciência, eu sou a paz na mente e no coração.* Depois de terminar essas afirmações pode levantar-se e executar os demais exercícios.

90. Nunca se devem empregar frases longas, ao contrário, quanto mais curta é a frase tanto mais eficaz ela é. Mas é preciso pensar, imaginar o significado da frase ao repeti-la. Visualização e imaginação são os fatores insubstituíveis da afirmação.

Não se deve pular de um defeito ao outro; ao começar pela ira, é preciso dominá-la com paciência e seguir até o fim, até sentir um efeito positivo. Durante o dia é preciso repetir a afirmação sempre que se possa. À noite, ao deitar-se, repetir a afirmação seguidamente até adormecer. Todas as vezes que o objetivo escapa da mente deve-se trazê-lo novamente ao centro da concentração. Com uma dedicação calma e contínua a este trabalho, antes de um mês produz-se um belo resultado.

91. Depois do triunfo obtido na primeira batalha, outras vitórias virão. Agora busquemos outro defeito. É o temor, o medo? Afirmai repetidamente: *eu sou Deus em forma corpórea, eu sou valor! Eu sou amor, eu sou força*, sentindo e repetindo conscientemente o que diz. Antes de um mês, o aspirante sentirá aquele valor invencível que eliminará de sua mente e de seu coração todo o temor que o enfermava e apoucava o ânimo. Assim sucessivamente se vão eliminando todos os defeitos e vícios.

De nada adiantará repetir todas estas afirmações como uma lição decorada; o que é necessário é ter a completa consciência do significado das palavras para que sejam a expressão do pensamento e do sentimento. Dessa maneira pode-se transmutar o pessimismo em otimismo; o egoísmo em altruísmo.

92. O homem não é puro espírito, nem pura matéria, nem somente corpo. *O homem é espírito, manifestado num corpo por meio da alma.* Logo, é preciso cuidar ao mesmo tempo do corpo, da alma e do espírito, procurando seguir as normas da alimentação, da respiração e da mente, porque não estando são de corpo, também o não poderá estar da alma e do espírito. O pensamento sustentado converte-se em ação. Pensando continuamente no mesmo objetivo, acabaremos por vê-lo realizado em ação positiva. Esse é o objetivo das afirmações otimistas e da autossugestão proveitosa.

A prática eficaz da autossugestão ou autoeducação requer especialmente atenção. A *atenção* do espírito consiste em fazer bom uso dos sentidos a fim de adquirir noção exata das coisas.

A *meditação* consiste em fixar o pensamento em uma ideia ou objeto para compreendê-lo sem alucinações nem erros. A *reflexão* é o reflexo do espírito sobre as ideias adquiridas por meio dos sentidos, para reduzir novas ideias proveitosas sem a mediação dos mesmos. Então, a atenção, a meditação e a reflexão são as operações necessárias para alcançar a concentração mental, para a eficiência da autossugestão. Para se obter uma boa concentração, é necessário fortalecer o corpo físico, o corpo da alma e o corpo do espírito.

Fortalece-se o corpo físico com o alimento adequado, com a respiração perfeita, com os exercícios e, sobretudo, com os bons pensamentos e os bons costumes. É necessário praticar; pois de nada valeria este curso, nem mesmo todas as obras da psicologia transcendental, sem praticar seus ensinamentos. Torna-se imperioso *praticar* tudo quanto deixamos exposto sobre a alimentação e respiração, a fim de que o cérebro seja o órgão eficaz da mente. Quando o estímulo vem do exterior, como, por exemplo, um espetáculo vistoso, um alimento saboroso etc., o desejo força a vontade para executar seu mandato que será a aquisição da coisa desejada; mas a autossugestão requer que o estímulo nasça do interior e não provocado por influências exteriores.

93. A *concentração* é a base fundamental para chegar à meta. É a única arma do médico, sacerdote e mago para chegar a super-homem. A concentração é uma arte difícil, mas é indispensável e urgente. Sem concentração perfeita ninguém pode ir adiante nem nos negócios nem no trabalho.

A concentração tem que ser desenvolvida; é conveniente começar por simples exercícios de atenção, meditação e reflexão, praticados diariamente sobre um objeto qualquer.

Prevenimos de antemão que este exercício não é nada fácil por não termos nossa mente educada; ela gosta de saltar de um pensamento ao outro e por tal motivo são muito raros os que conseguem uma concentração perfeita. Mas aqueles que tiverem boa vontade e seguirem nossos conselhos serão recompensados por esse pequeno esforço.

Se, por exemplo, olhamos um lápis para escrever, objeto com o qual já escrevemos várias vezes, e concentramos nele a meditação e a reflexão, associamos a ideia da grafite e da madeira. O que é a grafite? De onde se obteve? Como se obteve? Como foi fabricada? Quem a fabricou? Para quantos fins serve? Como se utiliza? Para o bem ou para o mal? E se o aspirante quiser adquirir o bom costume de pegar um papel e nele escrever as ideias que vêm à sua mente, formará um tratado e descobrirá o maior dos mistérios que é: *a parte está no todo e o todo está na parte*. Porque começando pela grafite, vamos associando a ela uma série interminável de coisas que nos levam finalmente ao espírito, à divindade, ao centro, à fonte.

94. DEVERES E PRÁTICAS DO INTENDENTE DOS EDIFÍCIOS.

a) Continuar com os exercícios respiratórios indicados anteriormente.

b) É necessário, para desenvolver as faculdades mentais por meio da nutrição cerebral, verificar o seguinte, que é muito simples, ao deitar-se e antes de se levantar:

Deitado, coloque as pernas em posição mais alta que o tronco e o tronco mais alto que a cabeça, formando um anglo de 45 graus, que pode obter-se apoiando os pés contra a parede, ou uma mesa etc., e colocando uma almofada de suficiente altura debaixo da cintura ou região sacra.

Nessa posição, fazer dez exercícios respiratórios profundos e rítmicos, como foi ensinado antes.

Esse exercício só pode ser feito três horas depois ou antes de comer. Ao levantar-se depois do exercício, deve-se fazê-lo lentamente.

Esse exercício aumenta a nutrição do cérebro e revitaliza os centros que dirigem à cabeça a atividade vital de todo o organismo, contribui para o fortalecimento dos setores que desenvolvem as faculdades e tem o mecanismo através do qual cumprem as suas funções.

c) Muitos se queixam de fraca memória e de que não podem aprender nada, pegam num objeto e logo se esquecem onde o puseram. Pois lhes diremos que os exercícios da concentração mencionados anteriormente e estes para a nutrição do cérebro, podem recuperar sua memória e vitalizar muitas faculdades do corpo e do espírito.

9. A religião dos sábios

95. CRONOLOGIA.

O espírito age sobre a matéria como poder ativo.

A ação do espírito sobre a matéria a divide em duas espécies: *ígnea* e *sólida*.

A espécie ígnea ou *calórica* recebe, diretamente, a energia do espírito e a comunica ao sólido. Por esta ação o ardor e o calor dão ao sólido uma forma primária: a forma *gasosa*.

A primeira perda de calor faz com que os gases se transformem em líquido.

Na segunda perda de calor, o líquido toma a forma densa e opaca, característica dos minerais, com menos calor e menos capacidade para se locomover.

O calor, recebendo diretamente movimento do espírito, foi destinado a ser a *alma* da parte ou porção de matéria-forma; assim como o *espírito é a alma* da matéria integral.

Desde o momento em que o espírito e a matéria se *unem*, com o objetivo de gerar o universo, trabalham como um só *infinito*; como o esposo e a esposa agem com a finalidade de reprodução humana.

Desde esse momento, o espírito existe na matéria; porém, não tendo manifestação direta, sua existência se acha em *estado latente*.

Se o espírito não se manifesta diretamente é porque esse embrião do *universo* ainda não havia chegado senão ao 1º grau da escala infinita do progresso. Esse embrião ainda não havia podido produzir um *instrumento material perfeito* como o *homem*, para que, por seu intermédio, o espírito possa agir parcialmente, mais diretamente sobre a matéria.

É preciso uma série de transformações para que esses fatos sejam cada vez mais úteis, até alcançar a grande finalidade que é a escala da perfeição *indefinida*.

Essa finalidade ou esse objetivo é a organização primária do homem.

96. NOTAS ESCLARECEDORAS.

Para que nossos estudantes compreendam esses fatos, é necessário aclará-los com o estudo do átomo e suas leis.

Sabe-se que o átomo é a menor partícula da matéria.

A ciência o estuda segundo seus efeitos e o define de acordo com a sua compreensão.

A ciência *arcana* ou *ocultista*, desde milênios, ensina, antes da ciência oficial, que *todos os elementos da matéria, no cosmo, compõem-se de átomos* e, por esse motivo, formou esta grande lei: *tudo é uno.*

A diferença entre uma espécie de matéria e outra consiste na qualidade do núcleo que vive em seu centro.

A ciência moderna nos ensina que o átomo, apesar de

sua pequenez, ainda se compõe de várias outras partes, tais como:

1º Certas esferas que possuem cargas elétricas positivas e negativas, as quais a ciência denomina; elétrons, prótons e nêutrons.
2º Um núcleo interno, o qual é composto de esferas, umas carregadas de eletricidade positiva, e outras, negativa.

Essas pequenas esferas se acham unidas umas às outras por 8 milhões de volts.

Quando compreendermos que a luz elétrica e sua poderosa força utilizada na fabricação das maravilhas existentes no mundo apenas desenvolve poucos milivolts, então poderemos avaliar o que significam os 8 milhões de volts do átomo. Essas esferas — bolhas ou grânulos — se unem entre si com o poder da força que provém do núcleo interno.

Essas esferas negativas e positivas do núcleo interno formam o corpo do átomo, enquanto os elétrons externos, que se assemelham aos satélites ou planetas, giram na periferia para conservar o equilíbrio.

Cada núcleo é composto de esferas positivas (prótons) e negativas (nêutrons), porém, as esferas, em cada átomo, diferem umas das outras em elemento e número, e esse é o segredo da diferença entre os elementos naturais.

Por exemplo: o núcleo do átomo do hidrogênio tem um só próton e um só nêutron.

O núcleo do átomo do hélio tem dois prótons e dois nêutrons.

O núcleo do átomo do lítio tem três prótons e quatro nêutrons.

O núcleo do átomo do berílio tem quatro prótons e quatro nêutrons.

O núcleo do átomo carbono tem seis prótons e seis nêutrons, e assim, sucessivamente, até alcançar o elemento cem que foi descoberto ultimamente, cujo núcleo contém cem prótons e cem nêutrons; enquanto o urânio contém 92.

Daí se entende que os elementos se formam pela fusão de átomos, cuja reunião forma a matéria calórica e sólida.

Quando a ciência conseguir dominar e dispor do número de esferas de cada núcleo, poderá então transformar um elemento em outro e trocar sua natureza e seus efeitos, tal como aconteceu em 1919, quando o sábio Rutherford mudou o oxigênio para hidrogênio, registrando-se assim o primeiro triunfo do homem sobre a misteriosa natureza.

Queremos chamar a atenção de nossos aspirantes e leitores para compreender que o super-homem, por meio de seu poder mental, pode obter grandes efeitos dos elementos, sem necessidade de mudar a natureza dos mesmos, pela lei da desintegração e reintegração chamada desmaterialização.

97. PARA O HOMEM.

Diz-se que o homem é o rei da criação e isso é uma realidade, porque todo progresso tinha por objetivo a necessidade de permitir ao espírito expressar-se na matéria. Sendo o homem o grau superlativo do progresso, logicamente deve ser o instrumento mais apto à expressão do espírito na matéria para reforçar a rapidez da perfeição indefinida.

98. LEIS DO PROGRESSO.

A perfeição indefinida é o centro de atração de todos os feitos morais. Denominamos feitos *morais* os atos de origem espiritual, e feitos *físicos* os de caráter material.

Newton disse: "A intensidade do peso de um corpo está na razão inversa do quadrado das distâncias, ao centro de atração". Assim, quando o corpo se projeta no espaço, desenvolve, no 1º segundo, a velocidade de 10 metros; no 2º, será de 30 metros; no 3º, de 50 metros; no 4º de 70 metros; no 5º de 90 metros.

Logo, o corpo, sob a ação de seu peso, percorre um espaço na razão inversa do quadrado da distância!

Assim sucede também com os feitos morais do bem, quando se precipitam no caminho do progresso; isto é, uma boa ação praticada hoje promove três boas ações para o amanhã; cinco para o futuro e assim sucessivamente, em um crescente proporcional aos números ímpares.

Mas, por um obstáculo qualquer, o feito moral pode estancar; porém, sempre conseguirá romper a barreira para retomar seu curso natural, em direção à perfeição indefinida, com uma rapidez tanto maior quanto foi o tempo que esteve retido ao caminho do progresso. (Isso, e nada mais que isso, é o que querem dizer as ciências espirituais ao falarem da lei da causa e efeitos ou lei cármica hindu).

Logo, existem duas leis: uma para os feitos morais, outra para os físicos. Os feitos físicos e os morais são paralelos à matéria e ao espírito dos quais derivaram.

Os atos morais e físicos são feitos uns para os outros; eles se completam e não têm mais que uma só lei e um só objetivo — *a perfeição indefinida.*

99. O MOVIMENTO.

O espírito eterno, para completar seu objetivo eterno, comunica seu movimento vibratório à matéria infinita. (O espírito é o pai e a matéria é a mãe; unem-se para engendrar o filho, o universo, a existência expressa.)

O movimento, do ponto de vista dos infinitos, não é mais que a ação do espírito sobre a matéria, em vista de um feito para um resultado.

Porém, do ponto de vista dos seres finitos, o movimento é tudo o que no universo se chama força de *atração* ou *repulsão.*

Propriamente falando, não existe a *repulsão*, porque esta é falta da atração e não é mais do que uma *força negativa.* Por isso, quando dois corpos não se atraem, repelem-se.

O movimento tem, para a manifestação sensível, o poder de mudar a forma e a posição dos corpos materiais.

Entretanto, dois movimentos iguais produzem contrapeso entre si; não terão, para a sensível manifestação, uma troca na forma sobre a qual atuam.

100. A IMOBILIDADE NÃO EXISTE.

O contrapeso de dois movimentos iguais ou de atração igual, em sentido contrário, chama-se *imobilidade*.

Logo, a imobilidade não existe, porque ela é resultado de dois movimentos que se neutralizam. Essa imobilidade ou equilíbrio, resultado de dois movimentos contrários, chama-se *gravitação*.

O ponto onde termina o movimento e, por consequência, se neutraliza o esforço de dois movimentos opostos, chama-se: *centro de gravidade*.

Nesse centro de gravidade, em que se encontram as forças contrárias, é onde se põe em equilíbrio o corpo material, em estado de imobilidade aparente, ou *gravitação*.

Tudo está em *gravitação* no universo, porque cada ponto é um centro de gravidade entre dois movimentos que se neutralizam.

Todos os corpos entram em gravitação por causa do movimento de atração que existe em todos os corpos correlativos.

101. ATRAÇÃO E CORRELATIVIDADE.

A natureza toda está em perpétua dualidade. Todos os seres do universo têm cada qual um ser paralelo que é o seu correlativo.

De todos os seres correlativos entre si, um é e deve ser o ativo e outro o passivo.

O ser ativo age sobre o passivo, completando-o e dando-lhe o movimento que não teria sem ele.

O ser passivo sofre a ação do ser ativo e o ajuda a completar o movimento que, só, não poderia desenvolver.

Os seres ativo e passivo se completam por possuírem propriedades correlativas diametralmente opostas e feitas para se ajustarem umas às outras.

O ser ativo é o alto relevo do passivo, que é, logicamente, o baixo relevo ou sua forma.

Os corpos correlativos e paralelos são simpáticos; ao passo que os dissociados são antipáticos e se repelem.

Onde há correlatividade, há atração e vice-versa.

Existe correlatividade entre o espírito e o tempo, logo há atração entre eles.

Existe correlatividade entre a matéria e o espaço, logo há atração entre eles.

Existe correlatividade entre o espírito e a matéria, entre o positivo e o negativo, entre o homem e a mulher, entre a alma e o corpo etc. Logo há atração entre eles.

Existe correlatividade entre a matéria candente sutil e a matéria sólida densa, logo há atração entre elas.

Finalmente, existe uma correlatividade entre determinadas formas de matéria e outras, com o objetivo de produzirem um resultado, logo existe atração entre as diversas formas correlativas da matéria sólida. Também há a mesma atração das formas correlativas da matéria calórica, porque não duvidamos da divisibilidade da matéria calórica em muitas formas.

BIBLIOGRAFIA

DICCIONARIO ENCICLOPÉDICO DE LA MASONERÍA

M............................Dioses Atómicos
LEADBEATER.......La Masonería Egípcia
LEADBEATER.......La Vida Oculta En La Masonería
ANAHÚ ....Medicina Universal
RAGÓN ....La Masonería Oculta
PAPUS ....Traité Elémentaire De Science Occulte
F.R.C. ....Cursos Iniciáticos
O.S.R.C. ....Cursos Ineditables
C.O.D.L.M. ....Cursos Ineditables
ADOUM, Jorge .....Las Llaves Del Reino
ADOUM, Jorge .....La Revelación Del Apocalipsis
ADOUM, Jorge .....El Reino Del Hombre Revelado
ADOUM, Jorge .....Cosmogénesis
ADOUM, Jorge .....La Religión De Los Sabios
ADOUM, Jorge .....Del Sexo A La Divinidad
ADOUM, Jorge .....El Génesis Reconstruido
ADOUM, Jorge .....Yo Soy